规矩的背后是自由

GUIJU DE BEIHOU SHI ZIYOU

·珍藏版·

卢丹丹◎著

中国妇女出版社

图书在版编目（CIP）数据

规矩的背后是自由 / 卢丹丹著. -- 2版. -- 北京 ：
中国妇女出版社，2022.1（2024.3重印）
ISBN 978-7-5127-2053-4

Ⅰ.①规… Ⅱ.①卢… Ⅲ.①家庭教育 Ⅳ.①G78

中国版本图书馆CIP数据核字（2021）第215295号

规矩的背后是自由

作　　者：卢丹丹　著
责任编辑：门　莹
封面设计：尚世视觉
责任印制：王卫东
出版发行：中国妇女出版社
地　　址：北京市东城区史家胡同甲24号　　邮政编码：100010
电　　话：（010）65133160（发行部）　　65133161（邮购）
网　　址：www.womenbooks.cn
法律顾问：北京市道可特律师事务所
经　　销：各地新华书店
印　　刷：北京中科印刷有限公司
开　　本：165×235　1/16
印　　张：15.5
字　　数：190千字
版　　次：2022年1月第2版
印　　次：2024年3月第3次
书　　号：ISBN 978-7-5127-2053-4
定　　价：45.00元

自序

PREFACE

除夕晚上，我系着围裙在厨房里准备年夜饭，老人、老公和孩子们在客厅玩。门铃响了，是朋友送来两束鲜花。我把丰盛的饭菜摆满一桌，一家人都围坐过来，老人夸赞我的手艺，孩子们向我致谢，老公打开了酒瓶，餐边桌上的郁金香和剑兰开得温馨又喜庆，如同我那一刻的心情。

回顾过去的这些年，我常常为自己所付出的努力而感觉喜悦。这种喜悦淡淡的、暖暖的，在我心里流动，在生活中不断循环。

2009 年，我们生活在美国，当时老大豆豆才 1 岁。断奶后他特别挑食，我眼看着他胖乎乎的身体迅速消瘦下去，心里很不是滋味。那时老公的工作空前忙碌，只有我一个人带孩子。每天晚上，在豆豆睡着后，我便开始研究第二天的菜谱，并准备好所有食材。在这之前，我从来没有做过宝宝餐，但 3 个月后，我已经有了一套独创且不重样的宝宝食谱，并逐渐在网上被妈妈们认可，甚至被打印出来当作私家菜谱。豆豆自然也爱上了吃饭，身体变得健康而结实。他 14 个月起开始自己吃饭，吃的时候，桌上、地上以及身上、脸上、头上到处都是饭粒。如果我喂他，可能只需要 20 分钟就搞定了，而他自己吃，光收拾就要花掉半小时，还要耐心地等待他、帮助他、鼓励他把饭吃好、吃完。但这样做的结果是，我帮他养成了很好的用餐习惯。

那段时间，豆豆晚上入睡也很困难，总是要在床上翻来覆去折腾到11点才肯睡，早上又起不来。我看书、查资料、问过来人和儿科医生，大家给的建议都差不多，而且这些我都知道，只是做起来很困难——把生物钟提前的最好办法，是早晨早点把他叫醒，午睡不要睡太长，保证白天有足够的运动量。可是，我不忍心把熟睡的孩子叫醒，而且有时巴不得他能多睡一会儿，这样我就可以多休息一会儿。但是最后，我做到了。我用半个月的“痛苦”，换来了孩子健康的作息规律。

豆豆半岁多时，有一次生病很严重，上吐下泻。医生给我的建议是6小时不让他吃任何东西，每5分钟喂一次生理盐水。那6小时，我现在想来都觉得心有余悸。他拒绝吃，我只能强灌，每隔5分钟豆豆就会惨叫一声，同时我也听到自己心碎一地的声音。但是6小时的肠胃休息与消毒，让他的病情缓解了很多。我也从中学到面对孩子时作为父母所必要的坚定与坚持。后来，我们回到中国，当孩子遇到感冒发热时，我都坚持先让他们扛一扛，然后再根据情况决定要不要去医院。在给他们丰富的营养与保证足够运动量的同时，我坚信，病毒的生长与消亡，和大自然的万事万物一样，有一个自然的规律，如果急于去打破这个规律，人体的免疫力就得不到增强。到目前为止，两个孩子很少吃抗生素类的药物，更没打过吊针。我想，健康的身体是我给予他们最好的礼物之一。

2011年，老二小福出生了。两个孩子带来无数欢乐的同时，也带来了更多的繁忙。小福2岁左右时，眼睛所看到之处都是他的东西，所以他和大他3岁的哥哥之间有着没完没了的“战争”。我一度疲于充当问题解决者的角色，对哥哥说“你要让着弟弟”，对弟弟说“你拿东西要经过哥哥的同意”，但这样的调解并不能解决问题，反而使他们更加依赖我。后来，我开始只做引导与示范，并给予足够的时间让他们自己去处理纠纷，或承担吵架后的自然后果。慢慢地，兄弟俩能一起安静地玩上半天，我也拥有了大把的时间。看着哥哥耐心地给弟弟讲解，弟弟崇拜地看着哥哥，我有一种“享受胜利果实”的成就感。

2014 年，豆豆上小学了。和大部分低年级小学生一样，他也会经常忘记写作业，不会收拾书包，做题粗心、速度慢。我还曾几次收到老师的短信，叫我们帮他把书送到学校。而我前一晚明明跟他说过，一定要收拾好书包再睡觉。在送了两次书之后，第三次我跟老师商量说我不送了，这个后果得由他自己来承担。后来，他就再也没有忘记在睡前整理书包。我有意识地训练他养成按时写作业的习惯，并要求他写作业时集中精力，做到既不磨蹭也不粗心。现在，他回家稍作休息后，就会主动开始写作业，而且真的写得又快又准确。

有了孩子之后的生活就是如此，父母最不缺少的就是挑战。也许你刚刚还在看着一幅温馨、祥和的画面，感慨着“为人父母真是世界上最幸福的事情”，问题突然就会出现。然而，挑战并不可怕，可怕的是面对它我们毫无办法。我不会任由这些问题不停地出现。我所做的，是去正面面对，积极解决，用坚定的、可能也是“痛苦”的方式，来换取长久的规律、自由、和平与孩子的好习惯。

所以，当很多人同情地说：“养育两个孩子，一定很辛苦吧！”我都表示自己真的很少有这种感觉。很多人都惊讶于我一个人带两个孩子去游乐场玩，甚至出去旅游；每天在带两个孩子、忙工作之余，还能为孩子做各种创意美食……其实，这不是因为我有什么超人的能力，而是因为我从小培养出了孩子的各种能力。

我并不觉得自己把孩子养得有多好、多成功，甚至我每一天都在鼓励自己：你不是完美的，孩子也不是完美的，放轻松。我只是觉得，自己曾经付出的坚持与努力，可以让我在今天拥有这种轻松、自在的状态，一切都是值得的。这种感觉应该就是所谓的成就感，是对自己的肯定与喜欢。我想，只有首先肯定与喜欢自己，然后才能有一种平和与包容的心态去面对和教育孩子。

在本书中，你可以看到前文提到的各种挑战。你所碰到的挑战，和千千万万个有孩子的家庭一样，所以你并不是在孤军奋战，我们可以相伴前行。你也可以在字里行间读到我的努力、坚持以及收获后的喜悦，我希望能将自己身上的正能量传递给其他人。我从来都不认为教育就是如何去管教孩子，而是觉得，教育是父母在自我成长的同时，教会孩子如何管理自己。在教育孩子的过程中，很多时候父母缺少的不是方法，而是方法背后的心态。

在本书中，你还将看到我与孩子们在一起时充满想象与创意的生活，以及我如何用心陪伴孩子，将教育孩子融于生活的每个细节。然后你会发现，原来教育孩子可以这样轻松与充满乐趣。

坚持、努力、用心，让我们把教育孩子这件事变得更加轻松和自由吧。我希望，这是你读完本书后的第一个决定。让我们一起做到吧！

最后，我要感谢老公。在我写这本书的过程中，他不仅给予我很大的鼓励，还用实际行动给了我很大的支持。他常常一个人带两个孩子出去玩，好让我在家安心写作。感谢他通过努力工作带给我和孩子们衣食无忧的生活，让我可以自由追逐自己的梦想；感谢他对我的无限理解与包容，给予我和孩子们一个充满爱与快乐的家。

祝愿天下千千万万对父母，拥有爱，懂得爱，学会爱。

祝愿天下千千万万个孩子，在父母的尊重和爱里，健康快乐地成长！

目录

CONTENTS

Chapter 01

先照顾好自己，再照顾好孩子

Chapter 02

趁你还是孩子的全世界，请给他百分百的爱

Chapter 03

慢养孩子，静待花开

Chapter 04

温和而坚定，正面管教的力量

Chapter 05

习惯培养对了，孩子的人生就对了

Chapter 07

养育两个孩子，没你想的那么难

先照顾好自己，再照顾好孩子

Chapter 01

养育孩子，你焦虑吗

为人父母是一件快乐的事情，我想，大多数人都会会心微笑，并表示同意。可为人父母又是一件辛苦的事情，对此可能所有的人都会有共鸣。很多人会说，辛苦大于快乐，为孩子所做的一切都值得。也有一些人会说，我一直很努力，但是我并不快乐，为什么？

在一次朋友的聚会上，一位平常非常活跃的朋友很不在状态。经我一问，果然有心事。她跟我说，前两天带 1 岁的女儿去医院做了例行体检，结果好几项指标都没达标。体重和身高均为中等偏下，协调能力、运动能力、沟通能力打分也很低。为此，她担心得晚上睡不着觉，还偷偷哭了几次。朋友的孩子我常常见，虽然偏瘦一点，但活泼可爱，我觉得不应该存在能力不达标的问题。我问："你们去测试时孩子是不是刚睡醒啊？这样她会不配合医生的检查。"朋友一拍大腿，说："是啊，我想起来了，还真是从车上抱醒的。"我说："其实很多情况下，这样的测试都无法真实地反映孩子的情况。测试结果跟孩子的性格、当时的情绪以及碰到一个怎样的医生都有关系。有的医生很有亲和力和耐心，会让孩子在一种愉悦和放松的氛围里接受检查；有的医生则比较严肃，孩子首先就被吓住了，还怎么能配合测试呢？”朋友听完恍然大悟：“那个医生确实很粗暴，孩子只是慢了一点点，他就不耐烦了。”所以，如果父母容易焦虑，像这样的测试不做也罢。

我曾经跟一位幼儿园老师聊起一件类似的事。她有个学生考上了北京大学，她在当年的幼儿园班级群里跟家长们报喜，家长们都很诧异，觉得当时那个孩子在班上是很不起眼的。这位老师说，家长们对那个孩子仅仅是一种模糊的印象，其实那个孩子在很多方面都表现出特别专注、认真和爱思考的特质。对于同一个问题，有的孩子可能知道十成，只表现了一成；有的孩子知道五成，却全部表现出来了。所以，有时孩子的外在表现并不能作为父母判断孩子情况的依据。如果父母因为片面的判断而表现出焦虑情绪，则会给孩子带来很不好的影响，甚至会给孩子造成负面的暗示作用。

有的妈妈担心孩子生病，就定期在家里进行巡逻杀毒，堵截一切可能的病源。孩子不能在地上爬，不能吃手，不能用手抓饭……想让孩子生活在一个无菌的环境中。

有的妈妈觉得，别人家的孩子钢琴都拿奖了，我家孩子还没开始练，得赶紧给他报一个钢琴班，另外还要学围棋、跆拳道、绘画……因为别人都在学。

有的妈妈说，我总是控制不了自己的情绪，看到孩子不听话，我就吼他，吼完我心里又懊悔，害怕对孩子造成不好的影响，我是不是不适合做妈妈？

有的妈妈看到孩子不爱和别人玩，就担心孩子是不是有自闭症；有一两天突然不爱吃饭，就担心他是不是得了厌食症；孩子不爱看书，就开始担心他以后学习很差怎么办。

还有的妈妈总是担心，孩子长大了不理我怎么办，孩子出意外怎么办？

更有的妈妈，总在事无巨细地操心：孩子该上什么幼儿园？该喝什么奶粉？该用什么牙膏？甚至穿什么衣服好？

还有些职场妈妈，为上班没时间陪伴孩子感到担心和内疚，于是上班时也心不在焉，遥控着孩子的一举一动。而有些全职妈妈又觉得孩子占据了她所有的个人时间，虽然天天和孩子在一起，但内心充满了困惑与担忧，不知道以后该怎么办。

担忧、恐惧、怀疑、患得患失、不知所措……当父母处于这样一种状态时，带给孩子的会是什么？

一个被妈妈关在“无菌舱”中的孩子，他的世界一定是常被打扰、缺少自由与快乐的；一个被妈妈盲目地带着学这学那的孩子，他的双眼会慢慢地失去惊奇的光芒；一个游走在妈妈过分严厉与过分温柔之间的孩子，会对生活无所适从；一个被妈妈过度担心和紧张的孩子，会变得胆小怕事；一个被妈妈贴满各种负面标签的孩子，会将这些标签内化到心里，索性自暴自弃；一个总是让妈妈觉得内疚或是成为妈妈负担的孩子，会捕捉妈妈细微的情绪，存进他幼小的心灵里……

育儿不仅仅是养育孩子，更是父母成长的旅程。为什么你很努力，却不快乐？因为你担忧的是不一定发生的事，你的努力与孩子的成长过程背道而驰，你明知道自己在负重前行，却不肯放下。我们从小到大习惯了将事情扛在肩上，并为此做更多的准备。但当我们想放下来时，却发现这份负担已经成为我们身体的一部分，再也无法放下。

生活永远在变化，我们可以知道5000年以前的事，却不知道5分钟后会发生什么。做父母的更是如此，我们不知道何时会遭遇风险，何时会收获惊喜，因此便不知所措。我们不敢确定选择是否正确，因此不敢选择，而是继续犹豫。我们想要成就自己更精彩的人生，却又不想错过孩子的每一个第一次，因此在纠结中痛苦不堪。

为何不放下？**生活是有弹性的，时间是有弹性的，人也是有弹性的。孩子的成长没有标准答案，选择并不是死守，而是在这个过程中，用包容的心态接纳自己，用自信的眼光看待自己、孩子以及这个世界。这样你才会放下焦虑，真切地感受到养育孩子的快乐。**

到你老去的那一天，你坐在窗前，看着远处运动场上孩子快乐的身影，回想起自己作为母亲的一生。这时，哪怕你的孩子不在身边，你也不会觉得孤独。因为你一直很努力地做好一个母亲的角色，而且你很快乐。

先照顾好自己，再照顾好孩子

刚到美国的第一年，老公的工作空前忙碌，我全职在家带孩子。儿子 1 岁多，刚学会走路，开始有了自主意识，正是最难照顾的时候。我要做家务，带孩子，还要利用晚上和周末的时间去上课。我选修的是儿童教育，可是很多时候，面对孩子出现的各种问题，我徒有理论知识，却没有那份耐心与精力去好好应对。

每天，经过一天疲惫的战斗，我最期待的就是老公下班的时刻，希望他能回家照顾孩子，让我喘口气。可是，老公回到家，最渴望的却是窝在沙发里，看一张碟，驱赶一天的压力。

我们常常为了对方的不体贴和不理解而吵架。他抱怨说，辛苦工作一天回到家，看到的却是一个因为没睡好午觉而没精打采的孩子和被他破坏得乱七八糟的家。我委屈万分，辛辛苦苦忙一天，换来的只是他一句“不就是带了一天孩子吗”。

日复一日，我们之间积累了很多矛盾，可是却没有时间去处理，继续各忙各的，生活变得暗淡无光。然而，孩子总是无处不在地存在于我们中间，容不得我们有任何忽视。我们要一起照顾他的生活起居，要一起陪他玩耍，要带他交朋友，要回答他没完没了的问题，要帮他纠正不良习惯，要培养他的信心与勇气。甚至在我们俩剑拔弩张的时候，还要答应孩子的要求：爸爸妈妈抱在一起，把宝宝夹在中间做一个“三明治”……在这个过程中，总是困难重重。因为我们之间总是充满紧张和敌意，所以当我们一起跟孩子玩耍或教育孩子的时候，会互相干扰，碰到孩子的需求，也没有耐心，不肯积极去处理，而采取一些省事的方式，比如批评、贿赂、惩罚……

我的邻居是一对来自匈牙利的夫妻，他们有 3 个孩子，和我们一样，也是丈夫工作，妻子全职。他们应该比我们更忙才对，可是，他们每个星期都要抽出两三个小时，一起喝杯咖啡或看场电影，享受夫妻俩的专属时光。每次看到他们把孩子交给临时的保姆，潇洒地跟孩子们挥手再见的时候，我的内心有说不出的难受：为什么别人能把孩子带得那么好，夫妻关系也能那么好？我怎么把一切弄得这么糟糕？

一天下午，正当我想着自己的生活状态，感到特别崩溃的时候，邻居拎着一篮子松饼来敲门，她利用孩子午睡的时间烤了很多松饼，送给我们吃。我由衷地羡慕她这种状态，尽管要照顾 3 个孩子，但她似乎游刃有余。我问她是怎么做到的，她跟我说了他们夫妻俩的很多事情。她也曾经是一个掉入家庭琐事里出不来的妈妈，也曾经跟老公的关系陷入僵局。尽管他们在孩子面前看似和和睦睦，但孩子很机灵，他们总能“嗅”出其中不愉快的味道，因此他们也不开心、哭闹、情绪低落。后来，双方为此制订了“拯救计划”：一周一次约会，每次 3 小时。这个计划持续了好几年。她跟我说了很多，其中有一句话让我印象特别深刻，她说：“照顾好我们自己，才能更好地照顾孩子。”

邻居走后，我细细品味这句话，想起我们那一团糟的夫妻关系，确实给彼此带来了很大的伤害。不久前，孩子总是突然躺在地上，捂着肚子，呼叫着爸爸妈妈。我们吓坏了，赶紧跑过去抱着他，细细询问，轻声安慰。可是，当我们抱他去医院时，医生却找不到任何原因。这样的事后来连续发生了几次，孩子的病来得快，去得也快。我们抱着他，一起注视着他，他的眼里会多出很多满足与安慰，然后，病也悄无声息地好了。

其实孩子什么都懂！他爱我们，当我们的关系出现问题时，他的心里会感受到，他会牺牲自己来拯救父母。他知道，自己一生病，父母就回到原来的位置，齐心协力来照顾他。一个1岁多的孩子，一个不会说话、不会表达的孩子，却动用他潜在的智慧，呼唤父母一起回到他的身边，忘却身后的烦心事，将所有的目光投向他。

我为自己感到惭愧。**我们放弃曾经安逸的生活到美国打拼，是为了孩子将来得到更好的教育；我放弃所有的休息时间，去学儿童教育，是为了能更好地培养他。可是，我却不曾想过，要给予孩子最好的教育，首先要给予他一个充满爱的家。要照顾好孩子，先要照顾好自己；要有好的亲子关系，先要处理好夫妻关系。要让孩子明白，爸爸爱妈妈，妈妈爱爸爸，他在这个家里拥有足够的爱、温暖和安全感。**

找了一个孩子睡着的晚上，我们俩什么也没做。他没有抱着电脑做他永远也做不完的工作，我也没有晕头转向地在房间里收拾倒腾。我们煮了一壶咖啡，放上一部电影，像是回到了初恋的时候，很多感觉一下子就回来了。这段时间的不理解和不体贴，只是因为我们实在太累，压力太大，没有站在对方的立场去为对方着想。但当我们放下所有的心事，将身体和心灵都调节到最放松的状态时，那些所谓的“恩怨”便一下子化为乌有。我们原本就没有多大的矛盾，其实何须怨恨彼此呢？那一刻，我像是突然顿悟了！

在匈牙利邻居的启发下，我们也养成了每周抽出 3 小时独享时光的习惯。无论有多忙，我们都会抽出 3 小时，一起好好放松，有了矛盾及时化解，有了问题及时解决。有时我们去看电影；有时把孩子放在朋友家半天，出去喝杯酒、吃顿饭；有时我们只是在家里放一桶热水，一起泡个脚，边泡边聊，互相打闹……不管是什么方式，不管是隆重的还是简单的，都会让我们放松自己，同时让彼此的心更加靠近。

我们之间又有了久违的甜蜜，孩子的眼神里也多了几分平静与满足。在对待教育孩子的事情上，我们携手合作，保持观念一致。同时，我也变得更加有耐心和冷静，在很多育儿问题上，我终于可以做到学以致用。

让操劳变得有意义

在家长课堂上，我们用孩子的口吻介绍自己。一位妈妈说："我想和妈妈玩，但是妈妈说，我还有衣服没洗，有卫生没搞，等一下再来陪你……"说完，她流下了眼泪，我也想起了我自己。我曾经做了4年的全职妈妈，那位家长的状态也是我那时的常态，总觉得有忙不完的事，一日三餐，洗衣服，打扫卫生，每天要有几个小时带孩子在户外玩，要搞定孩子的午觉……我那时没人帮忙，是死是活都得靠自己，连喘一口气的机会都没有。

我有段时间在一所学校教授中文课，受邻居卡罗和她孩子的启发，我让孩子们画一幅关于妈妈的画。当我把画收上来后，我震惊了。十多个孩子的画里，有一大半是妈妈在做家务，有的孩子还在旁边配上一句话"妈妈总是很忙""我讨厌妈妈这样"。那些话让我突然觉得后背发凉：我自己何尝不是这样呢？如果有一天，我的孩子也画一个这样的我，我会觉得有多挫败！从那以后，我花在家务上的时间少了很多。做饭太麻烦，我就多买点半成品；衣服难洗，我就少洗一次，一次多洗一点；地毯脏一点也没关系，不那么吹毛求疵，过得也挺好。事情一少，心情就好了很多，生活也变得更有条理了。

美国的家庭不会有老人帮忙，不管是全职妈妈还是职场妈妈，家务是逃不掉的事。在国内，大多数家庭有老人或请保姆帮忙，很多人从家务中解脱出来，有了更多的时间陪伴孩子。但是，你所有的操劳，对你自己、对孩子、对家庭来说，都是有意义的吗?

我记得有一次同学聚会，大家在一起闲聊，曾经老跟我抱怨带孩子太辛苦的一位同学自豪地说:“宝宝所有的衣服，我都是手洗的。”我问为什么。她回答:“因为洗衣机伤衣服，又洗不干净，我想让宝宝穿上最舒服的衣服。”我突然不知道说什么好。换作是我，我会把用手洗衣服的时间用来陪孩子看上几本书，或者自己好好打个盹儿，然后用更好的状态跟孩子在一起。我想，这才是孩子更想要的。

在大多数家庭中，一方面，母亲扮演着为孩子解决生活中各种困难的主要角色；另一方面，她们通过各种渠道获知孩子需要这样，需要那样。这使她们觉得事情永远也做不完，哪怕感到自己像一块洗碗布一样被挤干了，却仍然想为孩子做一切事情。

然而，**我们所拥有的时间和精力都是有限的，对于孩子的照顾和培育，不可能面面俱到。如果我们了解什么是孩子真正需要的，从而去提高亲子陪伴的质量，那么我们的“操劳”才会变得更有意义。**

前文说的卡罗是一位单亲妈妈，她独自抚养12岁的儿子和10岁的女儿。每周六下午，儿子学画，女儿练琴，她自己则轻松地牵着狗出门。有一次，我忍不住问她:“很多父母在孩子学东西的时候会陪在旁边，有的甚至自己也跟着学，你为什么从不参与呢？”她回答:“我对画画和钢琴完全不懂，也没有兴趣去学，不如放手让孩子们尽情地自由挥洒，我也趁机放松一下。”“那你怎么去督促和辅导他们呢？”她笑了:“我从小就培养他们自律，让他们为自己的事情拿主意。现在他们已经可以全程为自己的事情负责，而这个时候，我就可以享受我自己的生活。”

卡罗告诉我，她曾经也是一位非常困惑的妈妈。尽管她是全职在家带孩子，丈夫每个月给她和孩子付赡养费，但是她觉得自己从来没有静下心来享受过与孩子在一起的快乐时光，她感受到的只有操劳。直到有一天，她看到儿子的一幅画《我心中的妈妈》。四个场景里，全是她在做家务的样子。那一刻，她突然醒悟过来，比起美味的食物、干净整洁的屋子，孩子更需要陪伴。

除了陪伴，卡罗做得更多。她觉得有些事情量力而行就行了，但有的事情，是值得花很多时间和精力去做的。在育儿过程中，她一直努力提高亲子陪伴的质量。

卡罗一个星期买一次菜，洗一次衣服，搞一次卫生。但是，她会花整个周末的时间，陪孩子做一次手工。她一直注重培养孩子良好的生活习惯，让他们学习自己规划时间，懂得自我控制，为自己的事情负责任。她说，刚开始的时候，她很辛苦。比如吃饭，如果喂他们，可能 15 分钟就完成了。但是她会花半个小时等着他们吃完，再花半个小时去收拾餐桌上的一片狼藉。比如看电视，如果孩子想要看电视，她说声“yes”，在时间到了的时候去关掉电视，那会省很多事情。可是她没有这么做，她给孩子们一个星期 6 小时的看电视时间，如果他们提前把时间用完了，接下来的几天就没有电视看。有很长一段时间，她和孩子都在为这些事情战斗。但几个月后，孩子们便能很好地管理自己，而她在这种事情上再也不用操心。她说：“我得到的不仅仅是更多的时间，更重要的是，我的心不再焦虑，这对于我自己和孩子们都是一件很好的事。我们生活在很融洽的氛围里，无论做什么都能心平气和。”

是的，在与孩子相处的过程中，妈妈的情绪几乎决定了孩子所有的心情。如果妈妈带着一份坏情绪，为家、为孩子操劳一天，结果却带来负面影响，还不如什么都不做。

然而，我们常常陷入一种恶性循环里，越是操劳，情绪越差，情绪越差，越会觉得事情多。这时，我们往往会看不到任何意义与希望。

所以，我们需要规划每天的工作，提高做事的效率，以长远的眼光看待孩子身上的问题。就像卡罗，在培养孩子的生活习惯、自控能力等事情上，或许一开始会付出很多辛劳，却一步步地有所收获。这比起漫无目的的操劳会更加有意义。

我常常跟那些抱怨“几个人也搞不定一个孩子”的妈妈说，我能一个人搞定两个孩子，不是因为我有多强大，而是因为孩子们很配合。在之前，他们也是爱无理取闹的，也是毫无组织纪律的，也是以自我为中心的……因为，他们只是孩子，拥有孩子的一切天性。父母需要在生活中教他们遵守规则，教他们用语言清晰、大胆地表达自己的想法，教他们学会自我调节和自我管理。同时，培养他们尊重他人、与人为善，为他们指明方向……这才是作为父母需要去操劳的方向，也是操劳的意义所在。

做父母也可以“投机取巧”

教育孩子是一件严肃的事情，要讲规则，要讲原则，不能迟疑，不能有闪失。但是教育方式却需要因人而异，灵活多变，甚至有时还需要“投机取巧”——选择合适的时机，投孩子所好。

我们常说父母真难做，真累。可是，我发现很多父母都特别喜欢没事找事，无意识地给自己增加难度。比如，孩子吃饭吃得好好的，正“埋头苦干”，很多父母会冷不丁地给孩子夹块肉，想让他再多吃一点。但孩子专心致志的世界一下子被打破了，有的更是借题发挥，不肯吃了。这个时候，父母又得花时间去安抚孩子。

在教育孩子的某些事情上，其实是父母与孩子的PK，关键看谁能笑到最后。所以，这其中需要用到很多“战术”：知己知彼、投其所好、顺水推舟等，而不是使用强迫、暴力与破坏等方式。温和的战术，不仅能降低育儿难度，而且能营造愉快气氛，让孩子更容易接受，并乐意去做。

一天，我给豆豆吃一包水果糖。刚开始的时候，我提出要吃一颗，他很爽快地答应了，伸手把糖喂到我嘴巴里。过了一会儿，他只剩下最后两颗糖了，豆爸也要求吃一颗。我说：“你就别自讨没趣了，早不要，到现在他还会给吗？”豆爸自嘲地笑笑。果然，豆豆很快把糖塞到嘴巴里，然后告诉爸爸说：“爸爸，糖没了。”

这是一个很普遍的“孩子分享”的故事，每个家庭都应该发生过。你是在孩子有很多糖时教他分享的父母，还是在孩子只剩下最后一颗糖时教他分享的父母？“向孩子要一颗糖”，我们的目的是希望孩子学会分享，学会爱的回报。在孩子有很多糖的时候，他很容易就做到了，我们教育的目的也达到了。但是当他只剩下最后一颗糖时，孩子就需要进行权衡，需要进行取舍、牺牲和奉献，这对一个孩子来说，难度太大了，父母的教育难度也无疑放大了很多倍。

如果你只希望孩子学会分享，那么在孩子有很多糖的时候教他就可以了。大多数时候，孩子都很愿意和你分享，因为他觉得自己还有“吃不完”的糖。但是有很多父母，希望孩子在分享的同时还能懂得奉献，所以想要到孩子手中的最后一颗糖。大多数孩子面对最后一颗珍贵的糖，第一反应就是赶紧吃掉，因此会直截了当地拒绝。这样一来，让孩子分享和奉献的效果没达到，还落得一个不愉快的结果。

小孩的世界其实是非常单纯的，他喜欢一件事情的时候，会执着地喜欢，如果你“投其所好”，他就会很乐意去做。早晨，我把牙刷、牙膏、杯子和脸盆递给豆豆后，交代他：“自己刷完牙，把水吐到脸盆里，再把水倒进马桶，把脸盆收到水池下的柜子里，然后把柜子门关上。我去厨房做饭了，我喜欢听到你关门的声音哦！”那几天，豆豆特别喜欢握着一扇柜子门，连续飞快地开关好几下。第一次看到他这个样子的时候，我笑了。他问我：“妈妈，你为什么笑啊？”我说：“我觉得很好玩，你像个关门的小精灵一样。”从那以后，他就爱上了关柜子的门，每次都要我看着他。所以，每次我在厨房做饭的时候，就会听到他一边关门一边大喊：“妈妈，你听到了吗？”我大声地回答：“听到了！关好后就出来找妈妈吧！”

之前豆豆刷牙的时候，经常会吊儿郎当的，正刷着牙就跑去玩其他的，还需要大人在一旁盯着。这个时候，如果父母没耐心就很容易爆发，但显然发怒不是好办法，只会让场面更乱。自从有了这个关门的程序后，刷牙对他来说就变得有意义多了。他能自己完成一连串动作，这让他变得更加独立。

每个孩子都会有他喜欢的东西。豆豆喜欢托马斯，为了让他爱上刷牙，我就给他买托马斯的牙刷、牙膏；为了让他爱上睡觉，我就给他买托马斯的被子。他喜欢绿色，我就给他买绿色的碗筷、绿色的杯子、绿色的衣服，给他布置绿色的房间，让他生活在一个自己喜欢的环境里。同样地，他喜欢做什么事情，我就把其他事情和他喜欢的事情联系起来，这样其他事情也变得有乐趣起来。这时，父母与孩子之间就会减少很多管教和矛盾，转而变为温和的引导与被引导关系。**父母若懂得适时而为，择事而为，有所为，有所不为，懂得“投机取巧”，那么在教育孩子的问题上就会省心省力，事半功倍，与孩子的关系也自然会更亲密、更和谐。**

育儿路上，让爸爸撑起半边天

大学毕业 7 年后，我和几个大学闺密约好进行一次小范围聚会，不带老公，不带孩子，只是女人们的“独自狂欢”。临出发前一天，一个闺密给我打电话：“我得带上女儿，你把豆豆也带来吧。”我跟老公申请，没想到竟然被拒绝了，他说：“我难得不出差，可以带孩子玩，你一个人去吧，还能玩得开心一些。”闺密们见我一个人来，很是惊讶：“不是决定带孩子了吗，怎么没带上豆豆？”我说：“老公不放他走，要带着他在家里玩呢！”一位闺密感慨道：“现在这种主动带孩子的男人可真不多见啊！我老公生怕我不带走孩子，说他一个人搞不定。”我说：“你肯定没有放手给过他锻炼的机会吧！”她回答：“是啊，一直都是我父母帮忙带孩子，这次他们临时有事，我老公便要求我把孩子带来，他从来没有一个人带过孩子。”

闺密家的这种情况实在太普遍了。父母帮忙带孩子，爸爸们从宝宝出生开始，就被排除在照顾孩子的计划之外，他们也自然而然地接受了这个事实：家里这么多双手，我就不添乱了。后来，孩子慢慢长大，越来越需要父亲参与到他的成长过程中来。可是，大多数男人还是习惯了置身事外。而女人，也习惯了“男人什么都不会”，不敢轻易“用”他。

我老公以前也是这样一个“甩手掌柜”。豆豆出生时，爷爷奶奶飞去瑞典帮忙，当时我也全职在家。白天他上班，自然不用管孩子。到了晚上，我想着他第二天还要上班，孩子有时哭闹就没让他起来。三个晚上后，哪怕孩子哭得再厉害，他也不会醒来，反而睡得心安理得。

豆豆 1 岁后，我们到了美国。跟大多数美国夫妇一样，我们两个人开始独自带孩子，老公这才真正参与到照顾孩子的事情上来。他开始慢慢发现养育孩子的乐趣。他每一天都觉得很惊讶：原来孩子会这样跟我交流，原来这么小的孩子会有那么多的想法，原来孩子和自己这么像！我说：“他早就如此了，只是你从来没有用心与他交流过。”老公的眼神里满是遗憾和失落，他说：“以前我总觉得他是一个什么也不懂的小家伙，总觉得我和他之间很陌生，现在我才真正有了当爹的幸福感。这种感觉是在喂他吃饭、陪他玩耍、给他换尿布、哄他睡觉的时候慢慢产生的。以前我把他当玩具一样逗一下的时候，从来没有过这种感觉。”这时，他的眼里有我从来没有见过的温柔。

后来，我开始上学。每个星期有几个晚上，老公必须一个人在家带孩子。记得我第一次把豆豆单独丢给老公时，从出发到上课再到回来的路上，我都心神不定。我一直在想：老公能搞定吗？会记得给孩子吃饭吗？记得给他换尿布吗？会带他睡觉吗？我的耳边甚至一直萦绕着豆豆的哭声。纠结了一路，到家后我却看到老公在悠闲地看电视，豆豆比我在家时睡得还早。我上楼看了看豆豆，他睡得很香，身上干干净净的，尿不湿也是刚换上的。那个晚上，老公带着豆豆吃饭、唱歌、玩游戏、游泳，内容安排得非常丰富。

我感到大大的惊喜。原来，男人之所以在养育孩子的事情上“甩手”，很大一部分原因是我们一直没有给予他们照顾孩子的机会，不敢放手让他们单独去带孩子，因此他们也就无法体验孩子成长的乐趣。**事实上，男人远远没有我们想象中那么“粗心、笨拙和没有责任心”。他们也会像女人那样细心地照顾孩子，会给孩子很多很多爱，甚至在某些方面，他们比女人做得更好，因为他们更有精力和创造力，做起事情也更有原则。这就是为什么很多孩子更喜欢和爸爸玩的原因，因为爸爸能想出更有趣、更刺激、更有挑战性的游戏。**

在国外，常常能看到父亲带着孩子在草地上踢球、奔跑的情景，而母亲只是坐在一旁静静地看书。父亲带着孩子出门远足、探险，母亲并不参与。父亲亲手给孩子做玩具，带他们一起修剪草坪，母亲只是微笑着为他们端上点心和冷饮。

周末，老公和他的同事经常相约一起带孩子出去玩，给女人们放假。他们的活动非常丰富，出海钓鱼，去农场骑马，去郊外野营。有时，他们相约在某个人家中，大家一起打牌、玩游戏，叫外卖。有一天，我提前回家，发现家里只有声音，没见到人影。后来才发现，三个大男人和四五个孩子，全趴在床底下，窗帘被拉下来，房间里黑黑的，每个人手里拿个手电筒，号称是在探险。这样的游戏，后来成了老公和豆豆最喜欢的游戏，如果家里突然没人，我会首先想到是不是又躲到床底下去了。

我有段时间在一所小学上中文课。课堂很自由，快下课的时候，如果父母来了就在教室后面坐着等。我常常见到一些父亲带着家里小一点的孩子来接大孩子，他们低头跟孩子耳语，很自然地亲吻孩子的脸颊。那一瞬间，真是特别有爱。在中国，我很少见到父母与孩子之间有如此亲昵的表达，尤其是父亲与孩子之间，总是隔着陌生与距离。

美国的父亲会很自然地参与到育儿的整个过程，照顾孩子的起居，接送孩子上学，辅导孩子学习，给孩子讲睡前故事，找孩子单独谈心……他们和妻子一起分担这份甜蜜的责任。

自古以来，父亲和母亲在孩子的心中都有各自的角色，游戏找爸爸，归巢找妈妈，这是大多数孩子的做法。在孩子的成长过程中，既需要母亲以女性特有的感情细腻、做事认真仔细、性格温柔等品质来影响他们，通过讲故事、教唱歌、做游戏等方式给予他们关怀与呵护；也需要父亲用不畏艰险的精神和博大的胸怀陶冶孩子的性格，通过爬山、游泳、探险等活动，赋予他们坚强、勇敢、果断、自信、独立等男性的特征。美国耶鲁大学的一项调查研究表明，由男性带大的孩子智商高，他们在学校里的成绩往往更好，将来走向社会也更容易成功。

可是，不知从什么时候开始，在很多家庭里，父亲的角色渐渐缺失了，在孩子成长的过程中，父亲只是一种名义上的存在，没有实质上的价值。加上从幼儿园到小学都是清一色的女老师，导致在孩子的整个早期教育中，男性教育整体缺失，这在很大程度上影响了孩子身心的健康发展。

社会的大环境在短时间内无法改变，家庭中男性教育的填补我们却是可以做到的。很多时候，并不是男人不愿意带孩子，而是女人不相信男人能带好孩子。何不放手，让男人参与到养育孩子的过程中来呢？你会发现，男人经常带孩子玩，可以给妻子放放假，这样既能和孩子的关系更亲密，又能赢得妻子的感激和爱，不知不觉中也让婚姻更加幸福美满。

不要因为孩子迷失了自己

在一次读书会沙龙上，来者都是已为人母的女性，我们在一起聊与孩子、与家人还有专属自己的“特殊时光”。当说到自己与孩子的特殊时光时，每个人都滔滔不绝，看电影、做手工、旅行、亲子烘焙……大家的脸上都溢满了幸福的笑容；说起全家人的特殊时光时，也各有“绝招”，每个星期都出去吃饭，户外活动一两次，晚饭后打打牌、看看电视……觉得每个家庭都非常融洽。但当说到自己的特殊时光时，大家都黯然神伤，感慨道，又要忙工作，又要忙孩子，就算不工作，光孩子也够人全年无休的，哪能拥有属于自己的时间呢？

为人妻、为人母后，我们带着使命一路奔跑，觉得把自己奉献给孩子和家人是天经地义、无可厚非的事情，我们也在这个过程中享受着快乐与成就。然而，当夜深人静时，孩子睡了，静下心来，我们会突然从心里滋生出很多悲伤与迷茫来，属于自己的时间与空间在哪里？每天疲惫不堪，孩子的挑战一个接着一个，什么时候才是尽头？

我想起刚生完老二的那段时间，我还没出月子，老公临时有事回国一个月，每天晚上都是我一个人带着两个孩子。或许是因为没有依靠，我反而更加强大，也找到了一些方法帮助自己把已经疲惫到极限的身体恢复过来。老二醒过来之前，会有 10 分钟的征兆期。他会先轻轻地、慢慢地动一动，扭一扭，哼两声，再迷迷糊糊地睡着，然后再开始动作大一点，声音大一点，但并没完全醒来。这个时候，我会以最舒服的姿势躺在床上，全身放松，幻想此刻我是躺在一片沙滩上，海浪拍打着沙滩，阳光温暖地晒在我身上，海风轻轻地吹拂着我的脸……我一边放空，一边吸取着能量。10 分钟过后，孩子完全醒过来了，而我此时已经拥有了满满的能量。那 10 分钟，就是我给自己的一段特殊时光，什么都不管，什么都不做，就是躺着让自己放松。每次我跟别人说起这段往事，说得再轻描淡写，听的人都要感慨我太辛苦，但我自己并不觉得有多辛苦，相反，我很享受这样的过程。我能把忙乱的生活变得如此平缓，这是我能掌控生活、掌控自我的一种体现。很多时候，让我们受累的不是身体，而是心灵。如果在养育孩子的过程中，我们只有辛苦与付出，毫无停歇，那么熬出来的不过是一剂苦药；如果能够苦中作乐，用享受与放松的心态去面对生活，那么酿出来的就是美酒。

记得有一次，我邀请一位闺密去看电影。我说：“最近太累了，需要出去放松一下。”她也有相同的感受，可是又想着孩子在家，家务没收拾，工作没做完，就不肯出来。因为和她关系太好，我动用了耍赖的本领，才终于把她拉出来。到了电影院，正在上映一部很火的动画片，她马上想起了孩子，说：“要是把孩子带出来就好了，就可以和我们一起看动画片。”我说：“我冒出来的第一个念头跟你一模一样。但是你想想，如果把孩子都带出来，我们就只能陪他们看动画片，而且得带他们去吃比萨，然后给他们擦嘴、倒水，还需要在他们睡午觉之前把他们弄回家。所以，现在什么都不要想，我们就是两个快乐的‘单身汉’，没有老公，没有孩子，想吃什么就吃什么，想干吗就干吗。”那一场电影，我们看得前所未有地爽快，选的是老公从不陪看的爱情文艺片，从头哭到尾，哭完后神清气爽。然后，我们去吃了一顿辣得够爽的湖南菜，外加两瓶小酒，两个人边吃边喝边聊，整个过程酣畅淋漓。回家的路上，我问她：“怎么样，还累吗？”她回答：“比睡觉的效果好 100 倍！”我夸她领悟力极强，睡觉确实不是休息的最好方式，最好方式是从那个让你疲惫的环境里出来，做完全不一样的事情。

经过前后 4 小时的时间，我们各自回到家，发现孩子好好的，老公好好的，地球并没有因为我们不在而停止运转。闺密从此爱上了和我一起出来“断混”，她说：“每次我结束特殊时光回到家，老公就说他和孩子的特殊时光来了，因为我的好心情会持续好多天，他们觉得自己的待遇得到了很大提高。”可不是吗？女人只有更好地爱自己，才能更好地爱家人。

我曾经认识一位妈妈，她总是把自己收拾得非常干净、漂亮，哪怕是在倒垃圾的时候碰到她，她的头发也梳得一丝不苟，衣服穿得得体大方。走进她的家，窗明几净，温馨舒适；她给孩子准备的便当，做得像艺术品一样；她说话总是细声细语的，从没见她发过脾气。这样一个完美的女人存在于我的身边，让我常常觉得自惭形秽，我想要东施效颦，却学不到人家十分之一。于是，我向她请教：“你怎么可以把生活过得如此美丽从容呢？”她回答：“就是多给自己一些时间，把自己打扮漂亮了，心情就好了，带着好心情与爱去为自己爱的人做事情，会觉得非常享受。”

从认识她到现在已经 5 年了，我承认，我还是没修炼到她的一半。但是自从听完她的话，我改掉了一个习惯。以前，只要不出门，我就不梳头、不洗脸、不换衣服，号称“越随意越享受”，但是那一天，我一定是懒洋洋的，什么都不想做。但如果我一起床就把头发扎起来，把脸洗好，把自己打扮得清清爽爽的，我就会想着要给孩子们烤一个蛋糕，带他们去户外跑一跑。他们自己玩的时候，我就做自己的工作，一天下来，会觉得很丰富多彩。

都说“女为悦己者容”，我觉得应该是“女为悦己而容”。花上半个小时给皮肤做一次保养，化上淡淡的妆容，配上舒适得体的衣服，这其实就是专属于自己的特殊时光。这时，时间为你而停止，全世界就只有你自己，你就是自己的女王。当你愿意为自己放慢脚步时，优雅与平静就会在你身上慢慢地沉淀。所以，千万别为了孩子而迷失了自己。

你不是完美小孩，我也不是完美父母

在二宝小福几个月大的时候，我常常一边听着他均匀的呼吸声，一边感慨时间怎么过得那么快，当初他尚在腹中的情景还像发生在昨天。那几个月里，我经常有不知今夕是何年的感觉。有时，我会特意去看食品的保质期，看完后又不知所以然地放回去了，因为总是想不起今天是哪一天。没有固定的作息，没有整块的时间，睡眠缺失，身体疲惫。尤其是对大宝豆豆，我不知不觉就忽略了很多。

豆豆上幼儿园早出晚归，回来后吃饭洗澡，玩不了多久就到了上床睡觉的时间，有时他要睡了，我还没有正儿八经地和他待上一会儿。一天晚上，我终于先把小福哄睡了，然后带着豆豆看书、讲故事，这似乎已经是久违的时光。躺在床上，我跟他说："妈妈陪你的时间很少，觉得很对不起你。"本来，接下来我想跟他说"弟弟还小，你做哥哥的让着点弟弟"之类的话。谁知，他马上安慰我："妈妈，没事，人不是完美的。"

我的心一下子融化了。要知道，我那时既心怀愧疚又无能为力的状态，是多么需要一句这样恰如其分的安慰。

"人不是完美的"，这是一句我们常常跟他说的话，没想到，他在我最需要的时候，把它温暖地送给了我。

我们常常希望周围的人个个喜欢自己，希望发生的事样样顺自己的心意。因此，在无意中便会提高对他人的期待，而降低对自己的要求。对待孩子也是如此，总希望他能够按照我们的方式成长，少一些养育的挑战，多一些成功的荣耀。我们总想要一个完美的孩子，却未曾想过自己的不完美。我们也常常控制不了自己的情绪，做事拖拉，不会自我管理，在很多事情上能力有限，有时会有不劳而获的心理……我们自己都没法成为完美的父母，怎么能要求孩子是完美的？当有一天我突然明白这一点后，我在孩子做得不够好的时候，总是跟他说："没事，人不是完美的。"

豆豆在两三岁的时候，常常把碗和杯子打翻。我跟他说："没事，你是不小心的，对吗？下次我们小心点，喝完牛奶后，把杯子放在你的前面，不要放在手边，这样就不会打翻了。"可是第二天，他又把牛奶打翻了。他强调："妈妈，我放到前面了。"我回答："没事的，你没有把杯子放稳，下次放稳后再去做其他事情。"后来，他又打翻了牛奶。这次是因为吃饭的时候三心二意，把碗推来推去，结果把牛奶撞翻了。他似乎知道是自己的过错，坐在那里看着我不说话。我一边把毛巾丢给他，一边说："擦干净吧。"等我们收拾完毕，我跟他说："豆豆，你知道这次你为什么打翻牛奶吗？"他回答："我吃饭的时候把碗推来推去，所以把牛奶打翻了。"我没有评价，又问："牛奶打翻了会怎么样？"他说："牛奶就不能喝了，桌子也脏了，就要擦干净。"我说："你都知道了，妈妈不会责怪你，人不是完美的，总会有犯错的时候，我们下次记住，一次比一次做得更好就行了，好吗？"

后来，豆豆还是偶尔会把牛奶打翻，但每次都只是不小心而为。牛奶洒了一桌、一身和一地的场面实在很让人崩溃，但我每次都能心平气和地和他一起打扫干净。人不是完美的，大人都有不小心的时候，何况是手脚还不知轻重的孩子。

有一句话说，爱他，就给他三次犯错的机会。盛怒之下是被吓坏的孩子，抱怨之下是畏首畏尾的孩子，说教之下是叛逆的孩子。而只有被原谅过、被理解过、被承认过、被接受过的孩子，才会从内心去审视自己的行为是对还是错，该做还是不该做，该怎么做才能越来越好。

牛奶打翻了，裤子尿湿了，走路撞到人了……我们安慰孩子，没事，人不是完美的，这是可以原谅的过错。

玩积木时怎么也搭不好，衣服怎么也脱不下来，鞋子老是穿反……我们安慰孩子，没事，人不是完美的，我们可以慢慢来。

有人随地丢垃圾，有人插队，有人不守规矩、不懂礼貌……孩子困惑不已，为什么我们不能这样，却有人这样做？我们告诉孩子，这个世界不是完美的，他们这样做不对，我们做好自己就行。

人不是完美的，并不是告诉孩子我们可以随意犯错，可以不思进取，不求改变。而是让孩子学会原谅自己，也原谅他人，让孩子善待自己，也善待他人。这样，孩子也会被这个世界温柔相待。

可是较真的人太多了。较真的父母喜欢对孩子采取铁腕政策，做错了就惩罚，不容孩子有犯错的机会。较真的孩子，会生活在一个无法喘息的空间里，惶恐度日，要么干脆自暴自弃，要么对自己高标准严要求，不允许失败，也无法承受失败。

我们不止一次地听到，某优等生考入大学后，觉得自己不再拔尖而自杀了，因为他心目中的自己是完美的，是最好的，容不得别人超过他。以这样的心理，如何能攀登更高的山峰，又如何能让自己一身轻松地前进呢？

我们也不止一次地听到，因为父母的一次过错，孩子从此走出家门再不回头。在大多数孩子的心中，父母应该是完美的，因为父母从孩子出生起，就试图给孩子树立一个完美的形象。因此，在孩子面前刻意隐瞒的父母有，故作威严的父母有，强颜欢笑的父母有……而愿意在孩子面前承认错误，承认自己不开心的父母，却很少有。

“爸爸妈妈不是神，我们也是不完美的，也会犯错，也会有不开心的时候，我们需要你的体谅。”这句话不用多说，当我开口说抱歉时，孩子就开始安慰我：“没事，人不是完美的。”因为他早就拥有了一颗宽容而体贴的心。

我不做完美的父母，犯错的时候我会向孩子道歉；不开心的时候，让孩子过来安慰；不会的时候，就大方地告诉孩子“我不会”；不喜欢做的时候，就坦白地说“我不喜欢”。我也不要求自己事事要尽心尽力，样样要出类拔萃，我只是一个普普通通的人，我也会偷懒、会耍性子。在我没当妈的时候就是如此，当了妈以后，我会约束自己，让自己更加积极进步，但是我不会失去自己。

我也不要求孩子是完美的，我会给予他足够的时间，让他在错误中不断成长。我希望他是一个内心强大的人，能承受不完美的事，能认可不完美的自己。

把你的正能量传递给孩子

常常有妈妈问我："我不会画画，不会唱歌，没有运动细胞，读书的时候成绩也一般，我有什么可以给我的孩子？"我回答："你可以把你的快乐传递给孩子啊。"

平安、健康、快乐，应该是我们每个人在孩子刚出生时，看着他天使般的面庞许下的第一个愿望。就算我们没有一样可以"拼爹拼妈"的本领，但如果我们有积极乐观的心态和坚持果敢的品格，那给予孩子的也是一笔很大的财富。

曾经看过一篇真实的报道。在一个很穷困的村子，一个没有多少文化的农村妇女培养了4个非常优秀的孩子，他们事业成功，心地善良。记者采访这4个孩子："你们本该与村里的其他人具有相同的命运，是什么让你们与众不同？"他们回答："是母亲的幸福感。再苦再累的岁月，她也哼着歌；再艰难的事情，她也咬着牙坚持。她把身上的正能量传递给了我们，把一切不可能变成可能，也让我们相信，我们可以不屈从于命运。"

这让我想起莫言的《母亲》，在艰难穷苦的岁月，劳作最辛苦的是母亲，饥饿最严重的是母亲，可是她却一边捶打着野菜，一边哼着小曲。她把面对苦难仍要挣扎着活下去的勇气传递给了儿子，而在当时，这是一种多么大的力量。

孩子是最细致入微的观察者，他们耳濡目染到的，不仅仅是父母身上的“才华”，还有父母的心态、情绪、性情以及人格魅力等无形的东西。我们每一个人身上都有闪光的地方，这些足以让孩子充满对生活的热爱之情。

我想，每个人的身边都应该有几个开心果似的妈妈，她们总是很热情地跟你打招呼，一开口表情和声音都在笑。只要有她们在，绝对不用担心冷场，那种快乐的情绪会感染每个人。相信她们的孩子也一定活泼大方、开心快乐。

我曾经很希望自己能有这种性格，可惜我从小到大都是比较内向的，到一个陌生环境，与不够熟悉的人相处就会感到很拘谨。后来我发现，我的孩子也跟我一样，不是那种放得开的孩子。当然，找到了两者之间的关联，对于他在公众场合的“慢热”特点，我给予了他更多的宽容与等待。因为当我自己都不能做到的时候，就不要过于期望孩子能做到。

怀上豆豆后，我开始做全职妈妈，一直到小福也 1 岁，有好几年的光阴。其间，我一边享受着和孩子们朝夕相处的时光，一边又担忧起自己的前程，就像我爸爸一直在耳边念叨的：“你念那么多书，就是为了在家带孩子吗？”尽管对于这句话我极度不认同，但它也促使我在迷茫的生活中寻找出口。

我开始从身边的一件小事做起，我跟老公说：“这件事，我一定要坚持做上一年。”这件事就是每天坚持写一篇博客，一年 365 天，我写了 300 多篇。一年多后，出版商找到了我，我出版了自己的第一本书。

2014 年上半年，我参加一个全国统考，全国 3% 的通过率，总分 100

分，我考了 84 分。备考的那 3 个月，我除了陪孩子，其他时间都在看书复习。一到周末、小长假，朋友圈里都在“晒”各种旅游的照片，老公也带孩子们出去玩了，我一个人在图书馆里咬牙坚持。从考场出来后，我说：“这世上最自由的感觉就是稳操胜券，我用努力和坚持做到了。”朋友们对我结了婚当了妈还能当学霸考高分觉得不可思议。我笑着平淡地回答：“其实，当你认定了一件事并坚持去做，你就会发现，它根本没想象中那么困难。”

豆豆上一年级后，用一个月的时间养成了自觉完成作业的好习惯。别人问他，为什么你每天一回家就先想到写作业呢？他回答：“因为妈妈以前准备考试的时候，也是先把每天计划好的内容完成后再做其他事情。”那时距离我考试已经过去好几个月，我很惊讶他还记得那么清楚。当时，我只是在他要跟我玩的时候说过几次：“妈妈现在在准备考试，这些是我今天要完成的内容，请你等等我，等看完我再来和你玩。”没想到，他把这些用到了自己的学习上。

在教育孩子时，我经常告诉他们，坚持做好一件事情，比什么事情都做更重要。我们身边不乏这样的家长，什么活动都要带孩子参加，什么兴趣班都去体验。我不否认一个孩子需要兴趣广泛、见多识广，但是我们生活在一个充满着太多选择的世界中，有时我们需要的，其实仅仅是帮助孩子生活在一个相对安静的世界里。不一定要追随当下潮流，也不一定要十八般武艺样样精通，但是一定要让孩子感受按时完成一件事情、养成一个好习惯所带来的轻松感，以及坚持一件事情、做好一件事情所带来的成就感；让他生活在一个不那么浮躁、焦虑，一个选择相对较少、相对安静的环境里。这样，孩子便会拥有很强的专注力和毅力，有积极乐观的心态和宽广豁达的胸怀。这是一个总是在涉足各种东西却总静不下心来学习的孩子无法达到的境界。

父母身上的正能量会传递给孩子，你的坚持、你坚持的方式、你的选择和你努力的方向，都会对孩子产生影响。所以，哪怕我们没有天生的感染力，但乐观的心态会让我们在忙碌的生活里歌唱；哪怕我们没有耀眼、体面的工作与亲自辅导孩子的技能，但父母的乐观、努力、坚持、不放弃，会带给孩子无穷的力量，指引他们健康快乐地成长。

趁你还是孩子的全世界，请给他百分百的爱

Chapter

02

与孩子沟通的秘密武器

在做全职妈妈前有段时间，我常常出差，离开家的那一刻，一种无助感就迅速地涌上心头。孩子们对我的不舍和思念，我不知道可以用什么来安慰。

豆豆 3 岁的时候，开始痴迷电话号码和给人打电话。一个出差前的晚上，我把电话号码写在一张纸上，并写上我想念他的话，告诉他，如果想妈妈了，就给妈妈打电话。

那一次离开的时候，我心里踏实很多，像是留了一双照看孩子的眼睛在家里。刚到目的地，豆豆就在爸爸的帮助下给我打电话了。他是如此兴奋，第一次拿到专门写给他的便条；他又是如此开心，把妈妈写给他的话都记在心里。他常常把便条拿出来看，念上面的电话号码，背会了我写给他的话。他睡觉的时候，也把便条放在床边，早晨起来第一件事就是看便条。事实上，他没怎么给我打电话。我想，他的那份放心，并不在于听到妈妈的声音，而是在于妈妈的心意。老公告诉我，那几天他表现得很自在和冷静，不像以往那样，会因为想念妈妈而莫名地烦躁不安。

自那次以后，每次出差我都会给他留下一张爱心便条，便条成了我们之间沟通的秘密武器。有时便条上写着：“昨天，你在妈妈很累的时候给妈妈的拥抱，给了妈妈很多力量，现在妈妈也留下一个拥抱给你，希望在你想念妈妈的时候、遇到困难的时候、心情不好的时候，也能给你力量。”有时，我把便条悄悄留在他的枕头边，告诉他：“当你在睡觉的时候，妈妈去赶飞机了，你梦到我了吗？妈妈会很想你，祝你一天好心情。”有时，我会把那几天需要做的事情写在便条上，提醒他和家里照顾他的大人，与打电话提醒相比，这样他更能感觉到妈妈的存在。但是他最喜欢的，莫过于我把我的行程画成表格，每过一天，他就在下面画一个钩，这样离妈妈回家的日子就越来越近了。他对于妈妈的离开，不再是遥遥无期的想念，而是变成了实实在在的期待。

每次回到家后，豆豆都会紧紧地抱着我，抱上一分钟。有时，家人会在一旁喊他做这做那，他说：“让我先抱抱妈妈。”在妈妈不在的那些天，他把想念都藏在了心底，等见到妈妈的那一刻，通过紧紧的拥抱把思念全部表达出来。他学会了情绪的管理，像个大人一样，懂得了有收有放。

后来，不仅仅是出差，在很多时候，一张便条的力量胜过了其他任何的表达。在豆豆执意要做一件不合适的事情时，我停下来，回到房里写下自己的感受，我们之间的斗争便没有再继续下去。在他坚持做完一件事情后，我把鼓励和赞美的话写给他，他拿到后，比什么都珍惜。我把我的道歉、我的心情写给他，孩子总是能轻易地原谅大人。

我还常常用便条去提醒他该做的事情，这样，一方面可以加强记忆；另一方面，便条会有一种无形的力量，让他更容易遵守规则。有一段时间，他看电视入了迷，到了约定好的时间点也不肯关电视。为此，我们之间进行过很多次斗争，他觉得把已经开始了的那一集看完是很理所当然的事情，我认为既然承诺了就要去遵守。后来，我用了便条的办法。我没有说话，而是递给他一张便条，告诉他，还有 5 分钟时间就到了。这张无言的便条让他感受到了妈妈话里的分量，时间一到，他就关了电视走到我身边来。

后来，豆豆自己也学会了写便条。在我出差的时候，他偷偷地塞给我一张便条，上面画着我和他。他不会写字，但是我知道，他的意思是我想他的时候，就看看。有时，他还让我帮他给爸爸写便条："爸爸，我希望你每天都能早点回来。""爸爸，我觉得你生气的时候很可怕。"

有一回，豆豆画了一个冰激凌递给我，我问是不是送给我的。他说："你猜。"我说："给爸爸的？"他说："不对。"我说："你自己想吃？"他回答："妈妈，你答对了。"尽管有点小调皮和小心思，但是这种方法却不失可爱。我跟他说："如果你想吃冰激凌，可以直接跟妈妈说出来。"

便条可以无处不在。在适当的某一个时刻，一张便条可以让你冷静下来，可以让你更好地表达想法，可以更好地尊重孩子，也让孩子感觉到被尊重和被爱。

趁你还是孩子的全世界，请给他百分百的爱

豆豆已经4岁了。不知道从什么时候起，我开始对他的话听而不闻。他一次又一次地重复，我以为这只是出于小孩子的好玩天性，于是继续做着手中的事，嘴里“嗯嗯啊啊”地应付着。他好像并不生气，我看他时，他就继续；没看他时，他就停下。我对他说：“豆豆，妈妈听得见你在说什么，不要老停下来。”同时做两件事情，在我的生活里实在是太普通的事情。可是，他却不允许我一心二用，一定要等到我认真地看着他，他才继续说。

我在心里嘀咕，这孩子，真难伺候啊！

一天，我在电脑前忙着整理文件，豆豆又站在我身边，给我讲一件他刚刚碰到的趣事。我跟往常一样，90%的心思在工作上，分出10%的心思偶尔看他一下，回他一句。突然，他很严肃地说：“妈妈，请看着我！”我猛地一怔，这句话着实惊醒了我。

到底我有多长时间没有好好看着他，没有好好地听他说话，没有好好地陪他玩了？这个小人儿可能有过很多的失落和不满，却一直耐心地等着我，宽容地对待我。“请看着我！”这只是他简单得不能再简单的要求！

我想起他刚出生的那个晚上。尽管因为生产而筋疲力尽，可我还是痴痴地看着躺在身边的小豆豆，一个晚上都没有合眼，觉得怎么看也看不够。

他成长的第一年，从爬，到坐，到站，再到走，我的目光一刻也没有离开过他，他的每一个进步，都带给我惊喜，让我的眼里满是光彩。

后来，他会说话了，喜欢把学来的每个小词语、小片段、小故事都说给我听。每一次，都让我激动不已。我温柔地看着他，鼓励他，赞扬他，让他继续说下去。

再后来，他经历了“以哭闹为武器”“十万个为什么”等“麻烦”的阶段，我总是蹲下来看着他，耐心地跟他解释，讲明道理。

……

可是，到底是从什么时候开始，我一点点地失去当妈妈的那种兴奋、紧张、耐心与专注？

豆豆兴奋地从书房出来，拿着他刚完成的作品，大声地喊：“妈妈，妈妈，你看，这是我刚刚画的！”可是，我只是从书桌前、灶台前或是洗衣机前瞄一眼他手中的作品，然后马上回头继续忙手中的活儿，嘴里说：“嗯！做得真棒，你真是太能干了！”豆豆继续兴奋而骄傲地说：“妈妈，我画的是绿色的怪物，它吞下去一只青蛙，所以自己也变成绿色了。”我还是忙着手里的活儿，漫不经心地说：“哦，这么厉害啊！”豆豆的兴致一下子便没了，他拿着画作，闷闷不乐地离开了。

如果是以前，我肯定会兴奋地找出十多个细节来一一赞扬，让孩子更加激动与兴奋。可是，我心里明明若有所失，却看着他离开，没有做出任何补救。之前视为珍宝的孩子成长的每个片段，与孩子沟通交流的每个机会，如今却被排到工作或家务之后，或是很轻易地被忽略过去了。

当做父母的新鲜感退去，当担心自己做得不好的紧张感退去，当觉得孩子已经足够独立与强大，当自己的事业再次开展……我给予孩子的，只是忙于生活后残余的爱。其实孩子一直是敏感而细腻的，他能第一时间感觉出你的心不在焉。他小小的心，容不下一丝的敷衍与虚伪。

一天，我和一个朋友聊天。她说，很怀念孩子小时候的日子，喜欢孩子赖在她怀里，很甜蜜地一起亲亲抱抱，什么都愿意跟她说。如今，9岁的孩子已经不肯跟她亲昵了。而且，无论学校里发生了什么事，孩子都不会主动跟她说，问也问不出什么。

我突然不寒而栗。我们常说，孩子越长大，就对我们越冷淡。这种变化何尝不是因为我们对孩子越来越敷衍呢？孩子渐渐地失去了与我们沟通的兴趣，更对我们的行为一次又一次地失望。

我像是看到了几年后，豆豆那冷淡的眼神和孤傲离去的背影。我不想这样。我想趁孩子还小，趁他愿意被我拥入怀中，愿意和我说话，愿意把什么都与我分享的时候，好好地珍惜和享受这段美好的时光。

我要蹲下来，看着豆豆的眼睛，拉着他的小手，搂着他的肩，摸摸他的头，顺顺他的头发，用心地聆听。此刻，哪怕我一言不发，在孩子的心里，这就是最好的回答。

用久别重逢的心情爱孩子

有段时间，因为各种琐事和心理压力，我的脾气有点坏，总是一不小心就要爆发，对豆豆也是如此，很不耐烦。我对他心存愧疚，可是总也战胜不了心中的恶魔。过完年，我离开老公和孩子，独自去北京学习。

这是我第二次比较长时间地离开孩子们，需要 10 天左右。相比起第一次离开他们时的不停担心、疯狂想念和严重的皮肤饥渴，这一次我淡定得多。我和豆豆早已互相信任，小福对我也建立了安全的依恋。

在出发去往北京前的 20 天，我放寒假，全心全意在家带孩子，享受的同时，也比平常上班时辛苦很多，感觉特别需要一个假期来调整一下自己。所以，到了北京后，我就像一只飞出笼子的小鸟，每一刻都在追寻着自由。学习之余，我逛街、睡觉、看碟、见朋友、吃喝玩乐，做的都是我平日里没时间做的事。一个星期后，只觉得脱胎换骨，神清气爽，能量十足。

等课程结束后，我迫不及待地往家赶。回家不见孩子们，我放下行李就跑到他们玩的地方。我和他们飞奔着扑向对方，然后紧紧相拥，这是一种久别重逢的亲密与温暖。那一刻，好像超越了曾经所有的幸福。

几天不见的豆豆，喜欢黏在我的身边，哪怕是走路的时候，走两步就要停下来，抱着我的腿，抬起头，嗲嗲地叫声“妈妈”。这个孩子，总是让我感到被需要、被爱的满足。小福还和以往一样，他总是在思考问题，总是在一刻不停地说话，坐着的时候、吃饭的时候、走路的时候，都在不停地说着。在以前，碰到心情烦躁的时候，我常常会忍不住大声呵斥他。他停下来，无辜地看我一眼，又若无其事地继续他的思考和说话，剩下我一个人抓狂。然而现在，我觉得一切都是那么可爱。他想问题的方式，他说话的声音，他慢吞吞的样子，都是那么有趣。我根本就不会想到要去打断他，只是傻傻地、痴痴地、美美地看着他，觉得怎么也看不够。我的心里有如沐春风的甜蜜和平和，这种甜蜜是久别重逢后的甜蜜，这种平和似乎可以抵挡住一切。

接下来的几天，我觉得内心充满一种力量，足以应付生活中所有不称心的事。因为这一切对我来说都是新鲜的，是我期盼了好多天才得来的，所以我要尽心尽力去守住它。

久别重逢的恋人会更加相爱，而母子之间的久别重逢，更能产生巨大的能量，让双方珍惜相聚在一起的每一刻，让双方拥有积极美好的心情。老公也是受益者。他说：“你每年两次外出学习，不仅对自己是一个提升，还是一次很好的身心灵的修养。”他鼓励我有时间还可以自己一个人外出旅行，我感动于他对我的无条件支持与信赖。一次，结束一段比较忙的工作后，我疲惫不堪，情绪一触即发，却无处发泄，便决定来一场一个人的旅行。我去的是离合肥不远的一个有山有水的小镇。我带了两本读起来很轻松的小书，一个人住在一个干净、温馨的小旅社，旅社的房间有一个大露台，我捧着书在那里一坐就是一个下午。只是两天的时间，没有手机，没有电脑，没有工作，也没有孩子，只是自己一个人静静地待着，慢慢地行走，那些在忙碌的工作中积累下来的疲倦、困惑与浮躁，在回程的路上已经消失殆尽。回到家，我的身体和心灵如同羽毛一样轻盈，对待孩子们的心，有如经历过一场久别的期待。

我们常常舍不得放下，于是将就着生活，盲目地相信一切总会过去。然而，在我们犹豫的过程中，很多本该更加美好的日子，却被过得一团糟。我们不是不明白，只是走不出来。当我们身体疲惫，情绪易怒，总是发完脾气又后悔的时候，就需要暂时离开一下。如同给身体排毒，偶尔有一天不吃饭只喝蔬果汁一样，我们也需要偶尔放空一下自己。这时，你会发现，你原本为之烦恼与头疼的东西，其实是你最渴望、最不愿意失去的，抱着这种心情再去面对，就会感觉豁然开朗。

以前，我以为离开就是远行，在经历过几次远行后，我却发现，在身心疲惫、无能为力的时候，不一定需要远走高飞，丢下一切；**只要我们能够用一颗俯视的心，去看清楚当时的状况与迷失的小小的自己，去冷静、思考、放下，就是经历了一次心灵的旅行。因为，你不再迷失其中，而是用旁观者的眼光清醒地看待问题。然后，你会发现，用久别重逢的心情去爱孩子，去珍惜和孩子在一起的每分每秒，是一件多么美好的事情。**

陪孩子走路上学

从家到豆豆学校，走路需要 20 多分钟。我觉得走路很浪费时间，总是开车把豆豆送到学校，然后迅速离开，整个过程不超过 5 分钟。渐渐地，豆豆养成了不爱走路的习惯。遇到奶奶走路接送他时，就会怨声载道，满心的不高兴。

有一阵子，豆豆迷上了空气质量指数，每天早上起来都要看看。令他沮丧的是，我们这个城市的空气质量指数经常大于 150，总是提示“轻度污染”。有一天，豆豆突然发现，空气质量指数在 50 以下，他感动得都快哭了！他兴冲冲地对我说：“妈妈，天气这么好，咱们今天走路上学吧！少开车，空气质量会更好！”

豆豆的兴致这么高，我当然乐意奉陪。我俩手拉手地走在上学路上，清新的空气和愉快的心情，让我们步履轻盈。刚走了一会儿，豆豆就不耐烦了：“走路好无聊啊！”我提议：“那咱们玩个走路的游戏吧！”

我和豆豆即兴编了一个小游戏。我们一边走一边唱：“拉着手儿走走，走呀走，看谁最先蹲下来！”一说完“来”字，我俩就争先恐后地蹲在路边。数 10 个数后站起来，一边慢跑一边唱：“拉着手儿跑跑，跑呀跑，看谁最先站好！”一说完“好”字，我俩就马上停住，跟木头人似的……这下子，豆豆再也不觉得走路无聊了，兴奋得小脸红扑扑的。

在这条路上走的，都是家长和孩子。有的家长在不耐烦地催孩子快走，有的家长拽着孩子一声不吭地赶路，只有我和豆豆欢歌笑语地走了一路。别的孩子经过我们身旁时，总会一次又一次地回头，眼里是满满的好奇与羡慕。豆豆也在小伙伴的关注中，得意地把小胸脯挺了起来，快乐地走进校门。

目送豆豆的背影，我的心里说不上来是什么滋味。当豆豆还是被我抱在怀里的小婴儿时，我曾经特别羡慕牵着手一起走的父母与孩子，觉得那一高一矮的身影，是世界上最幸福的画面。可当豆豆上学后，我却开始对这一切习以为常，甚至为了节省时间不愿意牵着他的手陪他走路了。在上学路上，我们错过了多少快乐啊！

第二天一大早，豆豆迫不及待地对我说："妈妈，今天咱们还是走路上学吧！”这一次，我们在路上玩编故事的游戏，我编一段，他接着编一段。我一边走，一边说："有一天，三剑客来到一个岛上。岛上的风并不是很大，但是他们看到岛上每个人的脸都蒙得紧紧的，只露出眼睛，就觉得很奇怪。”豆豆接着说："原来，这个岛叫作‘传染岛’，风可以把吹过的东西带到另一个东西上面。不仅仅是传播疾病，连容貌都能改变！”咦，豆豆的想象力好丰富呀！我兴奋地接着编故事："如果不蒙着脸，只要一刮风，这个岛上的每个人都会变得一模一样。”豆豆马上说："但是，你可以发现，每个人的眼睛都是一样的……”我俩异口同声地说："因为他们没有蒙上眼睛！”话音一落，我俩兴奋得哈哈大笑。

从这以后，豆豆更加热衷于看空气质量指数了，只要天气好，他就会要求走路上学。有时候，我们会玩编故事游戏《三剑客的冒险记》，传染岛、球岛、猫武士岛、火星岛、快乐岛……一共编了33个岛上的故事，每个岛都光怪陆离；有时候，我们会玩数数游戏，一边走一边数数，含有1、4、7的数字不能说，一直数到9万多；有时候，我们只是自然地聊聊天，豆豆平常不爱说的事，在上学路上却愿意告诉我……

在路上，我们常常会碰到豆豆的同学要求加入我们的游戏。于是，我带着几个孩子一起快快乐乐地走到学校。不知不觉，豆豆就有了很多好朋友。豆豆对我说："妈妈，我们班的同学都特别羡慕我有一个这么有趣的妈妈！妈妈，谢谢你！"他的眼里满满的都是高兴与自豪。

以前，我努力想了解豆豆在学校的生活，尝试帮他建立更广的朋友圈子，没想到，这些都轻而易举地在上学路上实现了。

一天，我和豆豆一路玩到学校门口。豆豆突然问我："妈妈，你还记得《鸡蛋妹妹》这本书吗？鸡蛋妹妹说走这边，鸡蛋爸爸就走这边；鸡蛋妹妹说爸爸抱，鸡蛋爸爸就抱着他；鸡蛋爸爸每天都带着鸡蛋妹妹散步，非常非常爱她。我觉得，妈妈和我，就像鸡蛋爸爸和鸡蛋妹妹一样。妈妈，我喜欢跟你一起走路上学！"

我抱着豆豆，对他说："妈妈也喜欢跟你一起走路，你带给了妈妈很多快乐！"豆豆认真地问："就像快乐岛上的人那么快乐吗？"我笑着说："妈妈比快乐岛上的人还要快乐100倍！"豆豆羞涩地笑着，像小鸟一样快乐地"飞"进了学校。

我曾经为了让豆豆快乐，费尽心思地带他到世界各地玩。直到和他一起走了这段长长的上学路后，我才发现，原来最简单的快乐就在身边，就在脚下，就在孩子的心里。

一堂关于幸福的感恩课

有段时间，我特别苦恼。豆豆交了一个新朋友马克。两人一见如故，豆豆和他在一起很开心。但是，马克特别爱显摆，有什么好东西或是去过什么地方都会兴冲冲跟豆豆炫耀，最后还来一句："你怎么没有啊？你爸爸妈妈怎么不带你去啊？"豆豆原本对这些很淡泊，但经过马克这么一刺激，回家要么是闷闷不乐，要么也吵着闹着要相同的东西。

我常常想，豆豆现在正是对小伙伴特别信任的年龄，马克会不会对他的成长不利呢？我是不是应该尽量避免让他们在一起玩？然而，两家住得很近，两个孩子常常是招呼不打一声就玩到一起了。就算真把他们分开，也可能只是治标不治本，与其帮他设立一个保护伞，不如教给他解救的办法。

一天，我带豆豆去游乐场玩，在马克的刺激下他又找我要玩具。回去的路上，我趁机教育道："豆豆，我们以前约定过，不能随便买玩具，上个月妈妈刚给你和弟弟买了轨道火车。我们家已经有很多玩具了，不能总是看到别人有什么，就要什么。事实上，我们也拥有很多别人没有的东西。"

适时，车外下着大雨。很多行人冒雨跑过马路，为了能到对面的公交车站避雨。我说：“豆豆你看，相比那些没有车的人，我们能舒舒服服地坐在车里不被雨淋，是多么幸福的事情！”豆豆问：“妈妈，那他们是不幸福的吗？”我回答：“幸福不在于拥有什么东西，幸福的感觉在你的心里。如果你常常觉得不满足，那你就不容易幸福。如果你停止抱怨，不是总看到自己没有的，而是常常去感恩你所拥有的东西，并去珍惜它，那你就会觉得幸福。”我灵机一动，对他说：“要不，我们一起来数数我们已经拥有的幸福吧！”

我说：“我们有套不大不小的房子，可以在里面吃饭、睡觉。”

豆豆：“我们有辆车子，下雨的时候不会淋着。”

我说：“我们有个大沙发，可以坐在上面看电视。”

豆豆：“我有很多书，都快把书柜装满了。”

我说：“我有很多衣服，可以把自己打扮得漂漂亮亮的。”

豆豆：“我有轨道火车，它是我最喜欢的玩具。”

他停了一下说：“妈妈，谢谢你。”我知道，这个细数幸福的游戏开始起效了。

我继续跟他说：“我有两个孩子，一个叫豆豆，一个叫小福，我觉得拥有他们是我最幸福的事情。”他高兴得乐不可支，也跟着说：“我有爸爸和妈妈，还有弟弟，我觉得我们在一起最幸福。”我说：“晚饭过后，我们一家人坐在一起看电视，我觉得很幸福。”他说：“爸爸妈妈带我和弟弟去公园放风筝也很幸福。”我说：“每天有豆豆和小福跟我说‘早上好’和‘晚安’，我觉得很幸福。”他说：“妈妈每天给我做早饭，爸爸陪我玩游戏，我觉得很幸福。”我说：“豆豆总是那么体贴妈妈，在很小的时候，一听妈妈腰疼马上就不要妈妈抱，自己下来走，还总是在前面给妈妈开门。”豆豆说：“妈妈有一回感冒了，还带豆豆去上课，妈妈你对我真好。”

……

我一时间说不上话来，没想到不到6岁的豆豆，还记得几年前的事情。如果不是这次我们一起细数幸福，我还不知道，孩子的心里拥有这么多幸福的回忆。

我说："豆豆，现在我们知道了，最幸福的事情并不是房子、车子、衣服、玩具，而是一家人开开心心地在一起，互相帮助，互相照顾，对不对？爸爸妈妈没法满足你的每一个要求，所以无论做什么、用什么，都要有度。要不然，就会造成浪费，给家庭带来负担。"他说："是的，妈妈，你说得对，以后我不会老想着我自己没有的东西，如果别人有这个，我就想我有那个。"

尽管豆豆的表达带着稚气，但是我知道他领悟了。我们确实没法给孩子所想要的一切，也没法为孩子阻挡一切外来的诱惑与压力，但是我们可以教他拥有一颗知足与感恩的心。

这是我教给豆豆的第一堂感恩课。在那个秋季的雨天里，困扰我多时的烦恼突然间烟消云散了，我的心也如同被雨洗过一般清亮、透彻。与孩子的对话，让我自己也得到了提升。不仅要教孩子学会感恩，对于我们自己也是一样，应该停止抱怨，别总想着我们没有的东西，而是应该去细数生活中已经拥有的幸福，珍惜并感恩这一切。

旅行的意义，在于更好的陪伴

离暑假还有一个多月时，豆豆幼儿园的家长群已经在沸沸扬扬地讨论外出旅游的事情了。“暑假去哪里”也成了同事、朋友间见面的问候语。大家一边张罗着组团，一边纷纷把自己的旅游攻略奉献出来，这个地方好玩，那里不适合孩子，这里应该怎么玩，那里千万别花钱找罪受……甚至大家还展开了一场讨论。一方觉得，如果孩子太小，就别带出去了，反正他们看不懂，大人也遭罪；另一方觉得，读万卷书不如行万里路，让孩子长长见识总是一件好事。

我则处于比较尴尬的境地。两个孩子中，豆豆5岁半，已经到了可以“行走江湖”的年纪；小福2岁，却是处于懵懂无知、还有点累赘的阶段。把豆豆带出去，把小福丢在家的事情我们做过，结果是我玩也没心思，睡也没心思。后来，不管去哪儿，我都坚持小福就是我的随身行李，到哪儿都要带着他。旅游对于我的意义，就是一家人一起尖叫，一起惊喜，一起感受，一起学习。当然，还有一起担当，互相帮助。

于是，从小福几个月起，我们就带着两个孩子四处行走。弟弟1岁半前，他一个人的行李比我们所有人加起来的行李还多，他要带奶粉、尿布，还要带背带、婴儿车。我们选择的一般是空气新鲜、人不多的地方，带着两个孩子在那样的地方慢慢走，是很惬意的事情。豆豆那时会帮着我们推弟弟，还会把我们讲给他和他自己看到的东西，讲给弟弟听。那一刻，只觉得这一趟尽管折腾，但真的很值。

现在小福 2 岁，我们已经不必为他带婴儿车和背带。因为常常外出旅游的关系，他性格活泼，劲头十足，动作迅速，反应敏捷，总是一个人跑在最前面。他看不懂周围的景色有多美，却能感受到那种快乐的氛围。我们一喊："小福，回来拉着哥哥的手吧。"他就停下来，和豆豆拉着手一起慢慢走。

兄弟俩拉着手，你能想象这种画面吗？有时他们前面是几百级的阶梯，有时是刚刚升起的朝阳，有时是一片广阔的大海。他们俩拉着手的背影就定格在这个画面里，那么美。

旅游的目的与方式有很多种。有的是为了玩个痛快，有的是为了增长见识，有的是为了放松身心，有的是为了锻炼孩子。我觉得带着孩子出去旅游，最大的好处是可以更好地陪伴孩子。在家中，我忙工作，忙家务，总有疏于应对孩子的时候。但是在旅途中，却可以把精力与心情百分百地奉献给孩子。策划适合他们的旅游线路，带他们去玩任何能玩的项目，满足他们平日里难以实现的要求，全程陪伴，全心呵护。孩子的感觉是最灵敏的，他能感受到父母对他们是敷衍还是认真。每次旅行回来，豆豆想念最多的，不是去过的地方有多好看、多好玩，而是每天从早到晚都跟爸爸、妈妈和弟弟在一起。小福尽管小，还不会表达，但很显然，他是最开心的一个。他在众人中间蹦蹦跳跳，心安理得地享受着每个人给他的关心和爱护。

在旅途中，我觉得孩子们最大的收获不是看风景，也不是长知识，而是学会如何与人打交道，如何注意安全等，把书上的理论与实践结合起来。如果你拿着书跟他说："在山上不要走边沿，会容易掉下去。"他可能感受不到那个情境，但是，当你真的拉着他走在山路上，告诉他这个道理，他马上就有了危险意识。2岁的小福，已经会大声地招呼大家："不要踩井盖！不要走边沿！不要在路中间逗留，不要挡住后面的人！"

他们还知道，如果有陌生人跟他们打招呼，要礼貌地笑笑，但不与人接触，不随便吃别人给的东西。兄弟俩自顾自地玩在一起，就像一道堡垒，拒绝外面一切不确定的因素。

在旅途中，孩子其实一点也不累赘。你或许要操心他如何在外吃饭、上厕所，或许走路时需要抱他，但这些与一家人在一起的快乐相比，都不值一提。你可以和他一起数路边低头吃草的牛羊，和他一起惊呼："我又看到一辆挖土机！"你也可以坐在某个水塘边，看他们拿着铲子跑来跑去。甚至，大家只是躺在酒店的房间里一起看动画片，都是一份美好。

每一刻在一起的时光，都是享受。每一处有孩子在的地方，都是风景。带着孩子去旅行，意义就在于此。

带着孩子像燕鸥一样迁徙

豆豆3岁时，我曾经给他讲过一个关于迁徙的故事：一只在南极安家的企鹅，每天孤独地在水里游来游去。一天，一只燕鸥从北极迁徙到南极过冬。燕鸥羡慕地对企鹅说："我真想像你一样在水里游泳。"企鹅说："我也想像你一样，在天空中高高地飞翔。"于是，企鹅教燕鸥游泳，燕鸥教企鹅飞翔。虽然他们没有学会对方的本领，却成了最好的朋友，相约每年迁徙时相见……

豆豆满脸羡慕地对我说："妈妈，我也想像燕鸥一样迁徙，找一只企鹅做朋友！"面对豆豆的这个愿望，我无计可施。带着孩子旅游几天很容易，但要小住一两个月却很难，工作根本安排不开。于是，豆豆常常发出这样的感慨："大人的世界真麻烦呀！"

没想到，像燕鸥一样迁徙的愿望竟然在豆豆4岁时实现了。因为老公转到高校工作，开始休寒暑假，而我又做了全职妈妈，时间很充裕。于是，每年暑假我们全家都会"迁徙"一次，去瑞典的斯德哥尔摩小住一个月，那也是豆豆的出生地。

第一年"迁徙"时，豆豆特别兴奋。出发前，他一边收拾行李，一边大喊："燕鸥一家要去北极啦！""燕鸥"的栖息地是一间位于市中心的公寓，两层的小复式，客厅和厨房在楼下，两个卧室在楼上。公寓的女主人外出度假，所以空置的房子就拿来出租，这在瑞典非常普遍。

在斯德哥尔摩，小动物随处可见。我们小住的公寓附近有一个山坡，我常常带着豆豆在那里野餐，为他准备一些食物喂小动物。豆豆把坚果放在路边，过一会儿松鼠就飞快地从树上下来，捧着一颗塞进嘴里。等我们坐下来吃饭时，林间的小兔子也会机警地探出头来，慢慢地聚集在我们周围。多的时候，可以同时看到几十只，好像兔子们在开会。吃完饭，豆豆就拿着胡萝卜喂兔子。吃完最后一根胡萝卜，兔子走到不远处，开始慢悠悠地吃草，一直到夕阳西下，它才肯回家。

豆豆问我："为什么在中国我只有在动物园才能见到小松鼠？"关于人和动物和平共处的话题太大了，我不知道怎么回答他。没想到过了几天，豆豆自己找到了答案："因为这里的人和动物都喜欢户外运动！"

瑞典的夏天阳光明媚，每天的日照时间长达 20 小时。豆豆每次出去玩，都能在路上看见慢跑的叔叔和阿姨。看得多了，豆豆也入乡随俗，主动要求做户外运动。我们一起穿上运动服和跑鞋，在两旁绿草如茵的路上一起慢跑。感觉自己不像是一个游客，而是慢慢地融入这如画的风景里，融入当地人的生活里。有时候，豆豆跑着跑着遇见了松鼠、野鸭、小鹿或天鹅，就跟着跑进树林或湖边去。经过一个月的户外运动，豆豆把这个习惯带回了国，一到周末就张罗着去爬山、钓鱼、慢跑，不肯在屋里待着。

第二年"迁徙"时，豆豆迷上了洗衣房。瑞典的公寓一般不配洗衣机，而是几栋楼共用一个洗衣房。洗衣房门口有一个预订系统，需要提前几天来预订洗衣服的时间。豆豆学会后，就把这件事承包下来。这次衣服还没洗完呢，他就开始对着电子屏幕预订下次的洗衣时间了。豆豆还总结了一套经验："妈妈，衣服从洗到烘干要3个小时，所以时间定在晚饭前最好。等咱们吃完饭，衣服也洗好了！"我忍不住说："豆豆真棒，都会安排时间啦！"以前在家的时候，豆豆会把换下来的衣服随手一扔，现在他不仅会预订洗衣时间，还知道了哪些衣服要分开洗，哪些衣服不能用高温烘干。换了一个环境，孩子竟然能自动学习新本领了！

第三年"迁徙"时，豆豆终于如愿以偿地认识了"企鹅"朋友：Ronja和Anna，一对瑞典小姐妹。3个孩子一起在小区里的游乐场玩滑梯、跷跷板、沙子。看见他们一起玩的时候配合特别默契，我忍不住好奇地问："豆豆，你能听懂Ronja和Anna的语言吗？"豆豆理直气壮地说："我说的是燕鸥语，Ronja和Anna说的是企鹅语。我们都是鸟类，语言本来就是相通的，多在一起玩就懂了！"咦，很有道理哦！

Ronja和Anna非常热情地邀请豆豆去家里做客，"企鹅妈妈"还用心地做了一道瑞典肉丸子，配上土豆、果酱和特制的酱汁，非常美味，豆豆吃了之后念念不忘。豆豆回国后的第一件事，就是给他的"企鹅"朋友们寄明信片，相约明年"迁徙"时再见。

换个环境"栖息"，认识异国的朋友，学习新的本领，体验不一样的人生……这就是我带着豆豆"迁徙"的意义。其实，"迁徙"对我来说也是一次心灵的净化。换个环境"栖息"，在不同的苍穹下呼吸，以前放不下的东西，也终于学会了放下。

让睡觉不再困难——被窝里的游戏

有段时间我工作很忙，回到家还没和豆豆玩一会儿，他就该睡觉了。豆豆总是觉得没和妈妈玩够，可怜兮兮地抱着我一个劲儿地亲，就是拖着不肯入睡。我除了沮丧和心酸，一点办法也没有。

一天晚上，我和豆豆一起看《米菲哭了》。这本书讲了这样一个故事：米菲每天都抱着她最爱的玩具泰迪熊一起睡。可是有一天早上起来，她发现泰迪熊不见了，问遍家里所有人，都没有见到它。晚上，她闷闷不乐地上床，突然，她的脚碰到一个东西，钻进被子一看，原来是她的泰迪熊……

我灵机一动，对豆豆说："咱们来玩寻找泰迪熊的游戏吧！"豆豆高兴地钻进我的怀里，连声说："好啊！妈妈，怎么玩？"我抱着他，轻轻地说："你就是我暖暖的、软软的、最爱的泰迪熊，我们每天都抱着一起睡觉。"话音刚落，豆豆就迅速地缩进被窝里。我起床，装作焦急地喊："咦？我的泰迪熊呢，怎么不见了？"我假装问豆豆爸："你看见我的泰迪熊了吗？"豆豆爸非常配合地说："没看见呀，快找找！"我一脸无奈地回到床上，盖上被子，用脚轻轻碰了碰豆豆，惊呼："这是什么呀？"然后钻进被子，一把抓住豆豆的小脚丫："哈，原来是我的泰迪熊！"然后，我把他从被子里拖出来（他很喜欢这个动作），紧紧地把他抱在怀里，豆豆兴奋得一直咯咯地笑！

我没想到，这个简单的小游戏居然会让豆豆那么兴奋和满足。他的脸上满是对我深深的信赖与依恋。那些因为相聚太少产生的不安和寂寞，因为被窝里的甜蜜拥抱，都消失不见了。我俩躺在被窝里，就像把爱盖在身上，满满的，久久的，给予我们抵挡一切的力量。这个被窝游戏后来成了我们睡前的一个固定程序，持续了好几个月。豆豆也给自己取了个昵称，就叫泰迪熊。他高兴时，就会跑到我的身边，说："我是你的泰迪熊，你是我的好妈妈，我爱你。"

于是我发现，游戏可以无处不在。而被窝里的游戏，因为在特别的时间、特别的地点，给了孩子更多的温暖和安全感。后来，我和豆豆又发明了很多其他的被窝游戏。

豆豆最喜欢的被窝游戏是"快到我的碗里来"，这是我俩看了电视广告后一起想出来的。晚上，我躺在被窝里，对豆豆喊："快到我的碗里来！"豆豆刺溜一下钻进来，说："主人，你把我吃了吧！"然后两人抱在一起乐不可支。

有时候，豆豆晚上睡不着，我也不逼他睡，干脆打开手电筒，两人一起钻进被窝里玩。被套是星星图案时，我们就想象自己躺在星空下；被套是小花儿图案时，我对豆豆说："看，我们躲在花丛里，看着蝴蝶飞……"豆豆的小脸恨不得贴在上面，仿佛真的要去抓蝴蝶；被套是小鱼和泡泡图案时，我俩就把自己当成两条鱼，在海底世界里畅游，豆豆舞动着小手小脚在床上划呀划……豆豆玩累了，我就让他躺好，闭上眼睛，关掉手电筒，缓缓地说："风儿轻轻地吹在我们身上，星星在天上说着悄悄话。慢慢地，它们累了，一个一个回家睡了，天上的街灯灭了一盏、一盏又一盏……”豆豆听着听着就睡着了。第二天早晨醒来时，豆豆总是神清气爽，像是做了一个很美很美的梦。豆豆说：“我就像在一个梦里睡着了，然后真的到了那个梦里。”这个十几分钟的被窝游戏，居然让调皮的豆豆拥有了一份浪漫的情怀，这让我有些喜出望外，又买了很多图案的被套陪他玩游戏。

冬天，我经常陪着豆豆玩冬眠的被窝游戏。这个灵感来源于一首诗歌《被窝里的游戏》：寒冷的冬季，听不见虫的叫声，看不到鸟儿活泼的身影，更找不到熊宝宝的踪迹……它们到哪里去了呢？原来，它们各自寻找到了自己的“安乐窝”，将自己藏起来了。

我和豆豆躲在被窝里，扮演冬眠的各种小动物。

我：“我是一只田鼠，躺在软软的土里，睡上长长的一觉，等着明天的太阳。”

豆豆：“我是一条蛇，躺在黑黑的土里，睡上长长的一觉，等着醒来去爬树玩。”

我：“我是一条蚯蚓，躺在松软的泥土里，睡上长长的一觉，醒来再钻钻泥土。”

豆豆：“我是一只蜗牛，躲在硬硬的壳里，睡上长长的一觉，等待春天的到来。”

……

几天下来，豆豆不仅知道了哪些动物会冬眠，还知道了这些动物的各种习性。而且，在模仿动物冬眠的过程中，豆豆也会跟着“冬眠”，睡得特别香。

因为这些被窝游戏，床和被窝对豆豆来说不再是被迫睡觉、中止快乐的地方，而是一个充满了温暖、爱与期待的乐园。

走进孩子的内心，其实很简单

小时候我有一条小花短裤，它带给我的却是不开心的记忆。那会儿我只有五六岁，穿着小花短裤到邻居家玩，阿姨给了我一把瓜子，见我手小抓不住，她就帮我把瓜子放进小裤兜里。旁边有个小孩挑衅地说："好吃鬼。"我尴尬极了，心想：一定是因为这个兜兜，别人以为我故意穿着有兜兜的裤子去装瓜子吃。第二天，我无论如何也不肯穿带兜兜的裤子。妈妈不知道发生了什么，她无可奈何地给我换上没兜的裤子，却不知道我的心理阴影过了很长时间才消除。

同样的一幕也发生在豆豆的身上。一个下雨天，我赶着送他去幼儿园，他却一定要把身上的衣服脱下，换成白色的。我问为什么，他说不上来，只是执拗地拉扯着衣服，为脱不下来急得大哭。我差一点就要爆发，但为了赶时间，只能迅速地给他套上白衣服，拉着他去了幼儿园。可是，第二个下雨天，他还是如此，还大声叫着："只能穿白的，只能穿白的！"我突然愣住了，他好像是被什么吓到了。在去学校的路上，我轻声地跟他说："如果有什么想不明白的事情，可以告诉妈妈，妈妈会帮你的。"而他只是死死地盯着车窗外来来往往的人群，一言不发。过了很久，他突然说："妈妈，你说为什么那个人没打伞，但大雨没把他衣服上的红色给洗掉，他的身上也没有变得脏脏的？"原来是这样！我想起了我小时候的那条小花短裤。当时，我也是怀着半信半疑的心情独自揣摩，可是又不知道该怎么对大人说，只是执拗地坚持着。我问他：“你为什么会觉得雨会把颜色冲掉呢？”他说：“书上就是这样说的啊。乌鸦本来是彩色的，可是一场大雨把所有的乌鸦全洗成了黑色。如果我穿上白色的衣服，大雨就不会洗掉颜色了，对吗？”

我记得那本书，叫《彩色的乌鸦》。传说在很久以前，乌鸦曾是彩色的，特别是在灰蒙蒙的冬季，乌鸦那五彩缤纷的羽毛会更加绚丽多姿。可是他们为了争论谁的颜色最好看，开始排斥异己，甚至厮杀。终于，一场黑雨平息了所有的争吵，把乌鸦身上的彩色全部洗掉，所有的乌鸦都变成了黑色。

记得当时豆豆看完书后一言不发。原来，他是在思索这个问题。我跟他解释说：“那场黑雨是为了平息乌鸦之间的纷争，为了处罚他们。我们平常下的雨是大自然给大地的润泽，是透明的，它不会洗掉我们身上的颜色的。”

经过一路上的不断证实，豆豆终于消除了担心。然而，我的心里却觉得堵堵的，很不开心。他有着那么纯真的想法，却把它当成秘密藏在了心底。因为他不确信，而且不会清楚地表达出来。孩子的心里到底藏着多少秘密呢？这一刻，我突然觉得既懊悔又开心。懊悔的是，由于我的忽略与抑制，孩子没法向我展示他所有的秘密。开心的是，我已经认识到了这件事情的严重性，相信只要我努力，就可以慢慢走进孩子的内心。

有一段时间，豆豆坚持每天穿两只不同的袜子去上学，不管别人如何取笑他。我的心里却有着隐隐的兴奋：这回，豆豆的心里又藏着什么秘密呢？我一丝不苟地配合他，听从他的任何“吩咐”，我赞赏他的每一个举动。直到几个月后，他还一如既往地穿着两只不一样的袜子。一次偶然的机会，我得知了他的“秘密”。我和他聊天时说起各自的梦。他说：“那一天我开心极了，不管去哪里，都可以看到我喜欢的人，做我喜欢的事情，我的每一个要求都得到了满足，每一个困难都战胜了。在迪士尼，本来有一个项目我不能玩，因为我身高不够，但是那个叔叔看了一眼我的袜子说：‘你穿了不一样的袜子，真酷，你去玩吧！’还有一次，我需要爬过一道很高的墙，怎么也爬不过去，两只袜子把我推了一下，我很轻松就爬过去了！”

原来，豆豆坚持穿两只不同颜色的袜子，只是和一个梦有关！我笑了。如果当时我不管三七二十一否定他的要求，跟他讲一堆道理，再强迫他穿上一样的袜子，那我还能听到这么好玩的梦吗？或者如果我情绪失控，发一通脾气，他哭哭啼啼去上学，那接下来的一天他该有多难过啊！现在，他不仅每天自由选择了他想要的，带着美好的心愿去上学，我也像他的朋友一样，分享了他的秘密，支持了他的行动，我们的关系变得更加亲密。

孩子的童年会有多少我们难以发现的秘密呢？你一定不会陌生，孩子本来好好的，突然就哇哇大哭起来。经过许多次试探才发现，原来是因为房子里的摆设突然变了样。孩子会定期肚子疼，原因是那一天是爸爸定期出差的日子。孩子突然变得沉默寡言，是因为听到老人说：“你用手指月亮，会被割耳朵的。”而他们之前就指过。孩子突然欣喜若狂，是因为以前喜欢过一部动画片，现在有人和他一起喜欢……

孩子的小脑袋里藏着很多可爱的小心思，这是我们这些已经失去童真的大人无法想象的。他们因为表达能力不够，或对自己的所见所闻不确信，对父母不够信任，所以才不敢把小秘密说出来。听孩子分享秘密，是一件非常愉快的事情。有时，我会选择一个悠闲的时刻，和豆豆两个人你一言我一语地聊天，交换彼此的秘密。有时，我会策划一些游戏、图画和故事来引导他，解决他的困惑。我很细致地观察他的举动，及时发现他的心思。**孩子的每一个举动，一定事出有因，尊重孩子的选择与决定，先去探究背后的原因，再去做出判断，这是我们与孩子相处的一个重要原则。然后，我们会发现，自己已经轻而易举地走进了孩子的内心。**

我这样引导孩子认识梦

豆豆 3 岁时，开始害怕做梦。他总是被噩梦惊醒，醒来后就不敢再睡。我不停地安慰他："没事，这只是一个梦，不是真实的。"可是我的解释显得苍白无力，因为一个 3 岁的孩子根本分不清梦境与现实。

"妈妈，梦是什么？""梦为什么不是真的？""那它是怎么跑到我的脑子里去的？"随着年龄的增长，他对这个问题也更加执着。我还是和往常一样，除了跟他说"梦是人们睡着后，回忆一些已经发生的事情或见到过的人，表达一些隐藏在心里的想法"之外，不知道还可以说些什么。他明显对我的答案很失望。

一天，豆豆又做了一个梦。他醒来第一句话就是："妈妈，我不想玩巴斯光年。"我想起前几天他去过迪士尼乐园，有一个项目是和巴斯光年驾着太空船，用手中的激光枪一起剿灭星级怪兽。记得当时他有些害怕那些灯光和枪声，把身子缩在我怀里。没想到，他把恐惧带到了梦里。

我跟他说："别怕，那只是一个梦。"

他说："不是梦，是真的事情。"

我说："你看，你躺在床上，一直没离开过。"

他说："但是，我真的去了那里。"

我说："你看，梦一醒来就没了。"

他说："不对，醒来还在我的脑海里。"

我说："梦不会从头脑里跑出来。"

他说："不对，跑出来了，我感觉那个害怕的东西就在我身边。"

……

我越说，他越不明白什么是梦，越害怕做梦，我不得不转移话题。每一次关于梦的对话，都在我沮丧的情绪中结束。

日子一天天地过，豆豆到了越来越爱做梦的年纪。我常常从他的梦话里听出他做梦的内容，也常常听他在梦里咯咯地笑，一转身，就看见他脸上开心的笑容。他也会在某一天早晨醒来一言不发，不用说，肯定是做噩梦了，然后晚上就不敢一个人睡。

一个夏天的晚上，我被一只蚊子吵醒，豆豆这时也从梦中醒来。我说："我被蚊子吵醒了。"他说："我被梦吵醒了。妈妈，你说，梦是不是跟蚊子一样，在我们睡着后，在我们耳边飞来飞去呀？"听完，我惊呆了，然后笑了，原来梦可以变得如此形象。我回答："是啊，不过我觉得好梦就像被子，会温暖地盖着我们。噩梦才像蚊子，只是偶尔才会跑到我们的蚊帐里，而且并不是那么可怕，对不对？"他想了想，然后安静地睡了。

他的话给了我灵感，我觉得知道怎么跟他解释梦了。

我说，梦就像一部电影，在脑海里不停地放呀放。它有的时候很精彩，有的时候很可怕，有的时候阳光明媚，有的时候看不清楚，有的时候会给你留下深刻的印象，有的时候放过后你就忘记了。梦里的事情就像真的一样，里面有自己、有你的亲人和朋友，有你去过的、看到过的和听到过的地方。

我还没说完，他说：“妈妈，那梦也像一个故事对吗？好梦就是一个我可以控制梦里所有的东西，想要什么就有什么的故事。噩梦就是我老是输、老是被人追、老是得不到一个东西的故事。”

我惊叹于他的描述如此形象，换作我自己，我未必会说得如此清楚。看来他开始了解“梦”了。我接着说：“是啊，梦可以是任何东西。它还像一首歌曲，好梦就是旋律优美的歌曲，噩梦就是你觉得不好听的声音。你觉得梦还像什么？”

他说：“那梦也像一本书吧。有的书封面好看，内容好看，还都能看懂。有的书，我翻到第一页就不喜欢，就不想看下去，这就是噩梦。”

我说：“梦还像是一场旅行，我们开着车经过不一样的风景，有时候是一望无际的田野，田野里开满了金黄色的油菜花；有时候就像坐过山车一样，要经过激烈的河流、陡峭的峡谷，我们会觉得很害怕，还会在这个时候醒过来。但是，梦更像是我们心灵的旅行，我们的想法、心情、见识都会进入梦里，带着我们走。”

我说得似乎有点难懂了，他又陷入了沉思。过了一会儿，他说：“难怪，很多时候我做梦，梦到的都是发生过的事情，只是结果有些不一样。”

我给他找来很多关于梦的绘本，有一本是写梦游的。杰森半夜醒来，发现自己的家正变得“越来越疯狂”。原来，杰森的爸爸睡觉梦游，吵醒了杰森，杰森发现爸爸先后在几个最不可能睡觉的地方睡觉。例如，睡在冰箱上面，睡在浴缸里面，睡在车库的汽车上面……最后一次被吵醒的时候，杰森发现爸爸竟然只穿着单薄的睡衣在零下50℃的冰天雪地中靠着一棵树睡觉，这下子杰森再也不能像前几次一样，只是叫醒爸爸就完事了，因为杰森担心爸爸会被冻成冰棍。于是，杰森做了一个小男孩可以做的事情：回家拉来雪橇，把爸爸拖回家放在浴缸中用热水暖过来。为了防止爸爸再次梦游，他用一根长绳子一头拴住爸爸脚的大拇指，另一头拴在爸爸的床上。然后，杰森放心地睡觉去了。故事就此结束了吗？没有！杰森的妈妈被奇怪的声音吵醒了，她发现杰森的爸爸在一根绳子的牵引下在站着睡觉，而杰森竟然也有和爸爸一样的梦游习惯，他还睡在冰箱上面……

这个故事的画面妙趣横生。豆豆指着画说："如果他从冰箱上掉下来，肯定就会从睡梦中醒来。但因为其实是在床上，所以掉下来也没事。妈妈，我不怕噩梦了，当我很害怕的时候，我就使劲让自己醒来。"看来，他对梦有了清晰而具体的认识。

我也明白了，梦，原本就是解释不清楚的。它是一幅画面、一串声音、一本书或是一个小动物。当你把它形象地描述给孩子，孩子把它想象成什么样子，它就是什么样子。你要做的，就是让他保持对梦的期待，消除对梦的恐惧。

晚上，我像在他小时候一样，跟他轻轻地说着《花园宝宝》里的一段话：宝宝乖，乖宝宝，快快睡觉吧。转啊转啊，一只小船漂浮在大海上，渐渐地越漂越远。收起小船帆，点亮小灯光，带你去和花园宝宝一起玩。

梦不就是一艘船吗？它带着豆豆驶向另一个国度，一个安静、温暖、幸福，只属于他自己的国度。

别让算计伤了孩子的心

豆豆有一个梦想：拥有一张可以通往世界任何地方的火车票。这个梦想来自电影《极地特快》。在电影里，小男孩克劳斯一直坚信圣诞老人存在，而他的坚信得到了神奇的回报。在圣诞节前夕，一列通往北极的火车停在他家门口。上车后，他发现很多小伙伴，而每个人的口袋里都有一张火车票。一群兴奋的小男孩开始了北极狂欢之旅……

从那时起，豆豆觉得，带着一张属于自己的火车票去旅行，是一件特别酷的事。可是，几次旅行过后，他开始泄气了，因为他身高不够 1.2 米，总是被免票。在豆豆心里，没有属于自己的火车票，没有属于自己的座位，这样的旅行根本不算旅行！他开始史无前例地关注起自己的身高，大口大口地喝牛奶，盼望自己早早地长到 1.2 米，这样就能拥有一张火车票。

有一次，豆豆又因为免票而闷闷不乐。我想让他明白免票是一件很实惠的事，于是花了 35 元在火车上买了一盒哈根达斯给他："看，这是妈妈用你省下的火车票钱买的冰激凌！"豆豆一边吃，一边好奇地问："妈妈，火车票真的很贵吗？"我说："是的，买一张火车票的钱可以买很多东西。"

豆豆一边吃着冰激凌，一边皱着眉头默默思考。过了一会儿，他抬起头，沮丧地说："妈妈，那我还是不要长那么快吧，我不要火车票了，这样你可以买很多东西！"我心里震了一下：因为心里的一点小算计，我非但没有鼓励孩子去追寻梦想，还把他的梦想打破了。我这是怎么了？

我看着豆豆的眼睛认真地说："再贵的火车票比起你的梦想都不算什么。等你长到1.2米，妈妈一定会给你买火车票，陪你去任何想去的地方玩。咱们把所有火车票存根都留下来，装满豆豆的小口袋好不好？"豆豆开心地笑了，又憧憬起自己酷酷的火车狂欢之旅来。

豆豆有一个好朋友米米，两个人形影不离，好到做梦时都会念叨对方的名字。因为豆豆和米米要好，所以我们和米米父母周末经常一起玩，到了饭点，就一起在附近的饭店吃饭。但一起共餐几次之后，我发现米米父母从来不主动买单，就感到心里很不舒服："为什么总让我们买单呢？这也太能算计了！"我很想对豆豆说，以后再也不跟米米家一起玩了。可是，想到火车票事件，我又开始犹豫起来：如果不和米米家一起玩，豆豆肯定会很难过，这个决定会不会伤到孩子呢？有没有更好的办法能够解决这个问题？

晚上，到了亲子共读的时光，豆豆选了《一起去野餐》让我读。这是一个非常温馨的故事：艾特和赛娜本来准备去野餐，可是第二天竟然下起雨来。两个孩子决定，假装天空没有下雨，假装天上有一个好大好大的太阳，然后快快乐乐地背着帐篷，带上食物去森林野餐。当他们来到森林后，雨点滴滴答答地打在树叶上，如同一首美妙的乐曲。他们在帐篷里吃啊、聊啊，开心极了……豆豆听得入了迷，而我则灵机一动：可以和米米家一起去野餐呀，这样既可以让两个小朋友一起玩，又能避免吃饭买单的尴尬！

我把自己的想法跟豆豆一说，豆豆兴奋得又蹦又跳：“那我和米米不就是艾特和赛娜了吗？太好玩了！”之后，我迅速给米米妈打了电话，她也很有兴趣，并且主动提出我们各自准备食物。

到了约定的那天，我一大早起来，做了很多三明治，带了零食和水，把新买的帐篷扛上车。和米米家会合后，在森林公园的一块空地扎下营。孩子们一会儿跑到树林里捉迷藏，一会儿钻进帐篷里打滚，玩得特别开心。豆豆说：“妈妈，今天没有下雨，我们还能做艾特和赛娜吗？”我说：“你可以假装天空有很多乌云，假装天上正在下雨，假装帐篷就是一把魔法雨伞，假装池塘的青蛙因为下雨呱呱叫……怎么想都行呀！”豆豆乐疯了，拉着米米玩着各种“假装”的游戏。由于这次不再涉及吃饭买单的问题，我和米米妈也聊得很开心。最令我惊讶的是，和我一样，米米妈准备的食物也是两家人的分量。

在大人的世界里，因为各种利益，因为患得患失，算计总是难以避免。然而，在孩子的世界里，只有童真快乐，没有利益得失。不要因为大人的算计而伤了孩子的心；不要让孩子过早地进入现实，为梦想背负太多。

你对孩子的爱是无条件的吗

如果随便问一个父母："你对孩子的爱，是无条件的吗？"肯定会得到毫不犹豫的回答："当然是，无论他怎样我都爱他。"可是事实确实如此吗？去每一个有小孩子的地方听听，这样的声音总不绝于耳："你再到处乱跑，妈妈就不管你了！""你再不好好吃饭，妈妈就不喜欢你了！""这么简单的事情你都不会做，怎么做我的儿子！"当孩子不听话、不符合父母的要求时，有多少父母在那时收回了他们的爱？

曾经有机构就这个问题做过调查，他们问孩子们在家有没有挨过打，80%的孩子举起了手。他们又问："当你们听话、表现好的时候，爸爸妈妈爱你们有多少？"孩子们大大地张开了他们的手臂，高兴地表达父母爱他们有那么多。当问到他们表现不好时爸爸妈妈的爱有多少，很多孩子只是伸出了手指头，甚至把双手紧抱在胸前，表示那时父母的爱为零。

孩子的世界是非常直观的，他们可以用手臂比画出长度，来表达他们得到的爱。他们的内心已经形成了这样的观点：爸爸妈妈对我的爱是有条件的。当我表现好的时候，他们就爱我；当我表现不好的时候，他们就不爱我，会惩罚我。可是，很多父母的心里并不这样想，他们认为，我爱孩子当然是无条件的，我这样做都是为了孩子好！

在美国，很多华人的孩子在学习上都特别优秀，他们拿全奖，上名校。可是，很多孩子离开父母上了大学后，就一去不返，再也不回家了。父母祈求他们改变，祈求他们回来，他们只是耸耸肩，说："This is my own life。你们对我的爱，是有条件的。我成绩好，你们才喜欢我，我上了好大学，你们才爱我。我已经独立了，不需要你们了。"经过十几年含辛茹苦，父母比孩子要承受更多，当金榜题名这一天终于到来时，却成了孩子的解脱日。为什么父母所做的一切不能感动孩子？因为孩子觉得，父母对他们的爱是有条件的。

孩子做事认真、学习好，在某些方面特别有天赋，父母自然会为孩子感到自豪，但是不要让孩子觉得"我只有表现好，他们才会为我自豪"。有条件的爱，让孩子抛弃了自己的真实情感与愿望，只是接受父母赞许的那一部分自我，他们拒绝自己的弱点和错误，越来越不了解自己，内心也越来越不和谐。有条件的爱，让孩子自动去迎合父母的愿望，他们做事情的时候不是自己主动想做，而是来自内心的压力。有条件的爱，让他们即使获得成功，也只有短暂的快乐，并怀疑事情本身的意义。有条件的爱，让他们不喜欢父母，并对父母反感。

有两个家庭，发生了同样一件事，孩子跟同伴们在房间追赶时，打破了妈妈最爱的花瓶。第一个家庭的妈妈闻声过来，并没有责骂孩子，她把碎片处理完后警告孩子："下次再这样，妈妈就不喜欢你了！"第二个家庭的妈妈处理完碎片，蹲下来问孩子："你想跟妈妈说什么吗？"孩子问："妈妈，你还爱我吗？"妈妈回答："我当然爱你了。"孩子说："哪怕我淘气打碎了花瓶，你也爱我吗？"妈妈回答："是的，我永远爱你。"孩子问："就算是做错了事，你也会爱我吗？"妈妈回答："是的，妈妈或许会不喜欢你做的那件事，但是妈妈会永远爱你这个人。”孩子放心地笑了。

我们可能很难想到，做错事情后，孩子最担心的其实并不是责骂，而是担心父母从此不爱他了。在这个时候，父母要做的，除了指出错误，更重要的是消除孩子的这种担忧。因为用不爱孩子来威胁他，并不能让孩子去反省他的错误，而是会加重孩子的焦虑与怨恨。告诉孩子，你永远爱他，永远会给他时间让他去改正错误，去到达终点，失败与犯错并不重要，你不会因此改变对他的爱。

不要让孩子觉得，父母的爱会随着他们的成就和表现而增加，会因为他们的失败和犯错而减少。平静地接受孩子的一切，包括成功与失败，宽恕孩子的错误，等待孩子的改进，去爱他，一直爱他，毫无条件地爱他，恰如其分地爱他。这样，孩子就可以自由释放父母欣赏的那部分自我，也不必隐藏让父母失望的那部分自我，他们会有灵动和自由的思想与灵魂，能够体验自由自在的生活。这就是父母给孩子的爱的最高境界——真正无条件的爱。

慢养孩子，静待花开

Chapter

03

给孩子成长蜕变的时间

豆豆出生后，我和很多新手妈妈一样，很容易着急。豆豆 1 岁时，我就对他进行大小便训练。豆豆 1 岁半时，我已经教会他背几十首唐诗。对于孩子频繁吃手、爱哭爱闹、动作拖拉、不爱分享等小问题，我更是急得不行，恨不得马上解决掉。

但是有一件事，让我的心态“慢”了下来。豆豆 3 岁开始在美国上幼儿园，上幼儿园前，和大多数中国孩子一样，他已经学会了数数，并会进行简单的加减法运算。从小到大，我所见过的每一个家长都是这么教孩子的，会数数了就教加减法，这似乎是约定俗成的一件事。可是，美国的幼儿园老师，竟然把一个数字教了一个星期！譬如，他们是这样教孩子认识数字“5”的：黑板上的五角星，变成了 5 个一组；吃点心、分饼干，每人 5 块；去室外玩时，5 个小朋友拉着手；画画的时候，使用 5 种颜色……整整一个星期，几乎孩子们所有的活动都与“5”有关。

我很困惑，为什么一个简单的数字，要花这么长的时间与精力去学呢？这样太没有效率了，后面还有那么多内容，什么时候才能学完？可豆豆的老师告诉我，中国人的数学很厉害，她很佩服。可是，几百年来，他们都一直延续着这种“慢”教法。他们觉得，快教育下学习长大的孩子，没有机会慢慢地、用他们自己的速度去了解与爱上一门学科，他们的兴趣很快会被任务和压力所代替。不如让孩子在生活的每个细节里，慢慢地感受数字无处不在、千变万化的神奇力量。所以，美国的孩子们会把学习数字当作一种享受。两种不同教育制度造成的结果是：中国的孩子们擅长考试，擅长在大赛上拿奖；而美国的孩子们拥有无拘无束的创意、对科学发自内心的热爱和大胆想象的思维。

我渐渐地发现，我的美国邻居也是这样慢慢教育孩子的。每次我为了孩子的问题向她请教时，她总是微笑地回答：“没事，过段时间就好了，这个年龄的孩子就是这样。”

她的两个孩子，女儿性格比较安静，但是似乎各方面发育都要慢于同龄人；儿子相反，从小惹事不断，最喜欢冒险、破坏和重建。看着性格截然不同的两个孩子，她觉得这是上天给予她的恩赐，让她体验两个不一样的生命。在她的眼里，每一个孩子的成长，都是从丑小鸭变成白天鹅的过程，她静静地微笑着，等待他们的蜕变。女儿每次加入一个新的游戏前，都要在一旁观看很长时间才肯动手。她就陪在女儿身边，从不催促，一直等她准备好了再一起开始。儿子大部分时间都在搞破坏，她也从来没有着急发火过。最厉害的一次，儿子用锤子把家里的墙壁砸了一个大洞。她看到像遭过自然灾害一样的惨状后，没有急着去责问，而是就着被砸的洞，跟他一起研究墙的内部结构。原来墙是用砖头一块块码起来砌成的，外面再涂上好几层涂料。之后，母子俩一起动手，买回来材料，把墙砌好了。从破坏到重建，儿子学到了很多东西。有一次，老师拿着儿子获奖的一幅画跟她说：“他这幅画的思维，如果没经历过对多种风格的破坏与重建，是不可能画出来的。”现在，这两个孩子都读了美国的名校，能力非常出众，而且心态特别好。

世间万物皆有定时：播种有时，成长有时，花开有时，凋零有时。孩子的成长也是如此，在哪个阶段就应该做这个阶段的事情。所以，我们需要静下心来，慢慢地等待花开。

可是，我常常遇到很多父母，他们总是试图跳过孩子的成长规律，去做与他们的年龄不相符的事情，通过增大强度，来缩短孩子成长的时间。这样做的后果是，父母很辛苦，步步紧逼；孩子也很辛苦，而且不领父母的情。最后，父母亲手把孩子从自己身边推开，他们再也不愿意回来。

爱，其实要小火慢炖，急不得，躁不得，烦不得。沉住气，耐下心，不求一时的速度与效率，不以当下的表现评判孩子，尊重每个孩子的差异，慢慢把孩子养大。这时，你才能体味到其中的意义与乐趣，你才会发现，养育孩子真是一件美妙的事情。

当孩子还是丑小鸭时，请看到他白天鹅时的样子

孩子在自己父母眼中是最可爱的，父母对他们怎么也看不够，怎么也爱不够。父母能从他们并不完美的五官中看出俏皮，能从他们的调皮捣蛋中看出机灵，能从他们的破坏中看出创造力，能从他们的固执中看到自己的样子……孩子就像天使降临在父母的身边，带给父母无与伦比的快乐与满足。

然而，孩子就像一只隐藏在鸭群里的白天鹅，有很长一段时间，它都是丑丑的、笨笨的、灰灰的，和那些灵活的黄色小鸭在一起，更是没有光彩。

当他们怎么也无法把饭准确地喂到嘴里，当他们怎么也不能把两块积木拼到一起，当他们怎么也数不出简单的几个数字，当他们羞涩地低着头怎么也不跟人打招呼，当他们似乎总是事事不如人、事事无法令你满意……当他们尚是丑小鸭的时候，你能看到他们成为白天鹅时候的样子吗？你能坚定地相信，他们就是白天鹅，从而耐心地等待他们变成白天鹅吗？

有一位母亲，有3个女儿。大女儿聪明机智，样样优秀；小女儿活泼可爱，讨人喜欢；唯有二女儿，总是一副比别人慢半拍的样子，像是有什

么地方没开窍。她不善言谈，不爱运动，功课也不好，唯一的兴趣是喜欢在本子上乱涂乱画，也看不出她画的是什么。当别人夸奖大女儿和小女儿的时候，妈妈却总是把赞赏的目光投向二女儿。她说，另外两个女儿承受了太多的赞美，而二女儿其实是最需要赞美的一个。她鼓励二女儿的画，哪怕画面是漆黑一片，她也能顺着女儿的意思说出其中的意境。二女儿在画画上越来越有造诣，在高二的时候，她的一幅画被一位老人买下，并互相留了联系方式。高中还没毕业的时候，她接到老人的电话，进了全国一流的艺术学院，毕业后成了一名优秀的画家。那位老人是艺术学院的校长，在全世界都赫赫有名。

后来，有人访问这位女孩，成功的秘诀是什么？她只说了一句话："当我还是丑小鸭的时候，妈妈却一直能看到我成为白天鹅时候的样子。"

这一句话，让不知情的人感慨万千，知情的人泪流满面。

在孩子尚是丑小鸭的时候，能一直看到他成为白天鹅时候的样子，要做到其实有多难？

都说自己的孩子怎么样都好，但是我们在等待孩子长大的过程中，有多少不耐烦，有多少不自信，又有多少攀比与随波逐流，多少盲目与失去理智？

我们不肯接受他是丑小鸭的事实，也不给予他蜕变的机会。当他努力着一次一次把饭喂到自己嘴里时，我们一把抓过来代劳；当他奋力想扶着椅子站起来时，我们马上过去帮他一把；当他面对一堆搭不好的积木发火泄气时，我们比他更加沮丧；当他在人前表现不好时，我们觉得面子过不去；当他在功课上很吃力时，我们潜意识里立马承认他在这方面就是不开窍……

而事实上，每一只丑小鸭最期待的，就是父母能给他安慰与鼓励，给他时间与机会，让他在自己的世界里感觉到温暖、轻松、安全与信任。

被誉为中国台湾地区“华人之光”的刘大伟，曾是迪士尼整个动画制作团队的艺术总监，参与了《狮子王》《美女与野兽》《阿拉丁》《花木兰》等作品的制作与设计，后来又为《时代》《美国商业周刊》《华尔街日报》画插画，被誉为“美国最独特的插画家”。可是当年，他是班上永远的倒数第二名，因为倒数第一名的孩子是智障。

后来刘大伟之所以有这样大的成就，完全是因为绘画老师对他的鼓励。老师从他看似平庸的表现中，看到了他的绘画天赋，告诉他：“你拥有无与伦比的天赋，你可以做到！”后来，他成立了自己的动画公司——Kendo 动画，公司出品了很多鼓励孩童的产品。Kendo 这个名字就来自当年老师鼓励他的话“You can do it”。

在他的自传《别把钻石当玻璃珠》里，他这样写道：“每个孩子都有无限的可能，请千万用正面方式鼓励他。你用心找出孩子生命里的钻石，他就会想尽办法琢磨自己，发出闪亮耀眼的光芒。幸运与才华，在每一个小孩身上都有，只要我们不把钻石当成玻璃珠。”

这一段话，跟前文所说的把孩子看成未来的白天鹅如出一辙。能够这样做的父母，心中必定会少很多沮丧与烦躁，在孩子成长的过程中，能冷静地面对孩子的不足，知道这些不足只是某方面的，是一时的，并不那么重要，可以给予孩子时间，帮助孩子改正。这样的父母，也能细致地发现孩子的优势，孩子手中稚嫩的画笔、琴键上走调的音乐以及他脑海里那些莫名其妙的想法，都可能成为帮助孩子腾飞的翅膀。

父母看待孩子的眼光，决定了孩子的未来。如果你认定他是一只丑小鸭，那么他从你那里得不到支持、信任与鼓励，就会慢慢地对自己失去信心，甚至自暴自弃。如果你认定他是一只白天鹅，他就会以白天鹅的姿势展翅腾空，拥有更加广袤的天空。

顺其自然的死亡教育

看到那只死鸟时，我下意识地想拉着豆豆快速离开，生怕吓到他。可豆豆却停下来，好奇地问我：“妈妈，这只鸟不是在睡觉，应该是死了吧！”我平静地点了点头。早在豆豆 3 岁的时候，我已经和他谈论过生命与死亡的话题，所以他说这个“死”字时，非常自然。

豆豆接着问：“它是怎么死的呀？”我答：“我看不出来，你觉得呢？”他蹲在地上认真地看了一会儿，然后很严肃地说：“是不是翅膀受伤了，从树上掉下来摔死的？妈妈你看，它耷拉着翅膀呢！”我说：“可能是的。”他又说：“也可能是触电了，我总是看到鸟儿停在电线上，为它们担心了好久。”我没有跟他解释小鸟停在电线上是不会被电死的，还是淡淡地回答他：“这也有可能。”豆豆继续猜测：“或者，它是被猫咬死的。上次我就见到一只猫追一只鸟……”一路上，豆豆都在做着对小鸟死亡原因的各种猜测。

走到幼儿园门口时，豆豆还若有所思。突然，他幽幽地说：“不知道这只鸟有多大了，如果很老的话，可能什么也没有发生，老着老着就死了。”老着老着就死了，听起来，怎么伤感中带着一丝浪漫呢？我的思绪一下子游离了，一晃神的工夫，他的背影已经融入一堆小朋友中间，欢快地玩起来。

死亡对于大人来说，永远是个沉重的话题，可以避免的话，就不想跟孩子谈起。然而，孩子说起死亡时却总是轻松自在、毫无顾忌的，就如同日升日落、草长莺飞那么自然，那么和谐。

第二天，那只小鸟还在。豆豆看了一眼，就走过去了。但一路上，他的问题不断。“妈妈，这只小鸟有爸爸妈妈吗？它爸爸妈妈是不是在到处找它呀？找不到会不会着急？”“它会一直躺在那里吗？如果下雨了，它死了不会飞，淋湿了怎么办？”“妈妈，你以前跟我说过，每个人都会死，但是如果我们相互保护好，是不是就不会死呢？”我一时不知道该怎么回答，只是说：“如果我们好好保护自己，保护对方，会避免很多不好的事情发生。”

沉默了一阵，豆豆又问：“妈妈，人死后，动物死后，去了哪里？”我说：“去了大自然，和大自然融合在一起。比如，树叶落在泥土里，成了泥土，小鸟也是如此。”豆豆：“那它们会像种子一样发芽吗？”我：“会有新的生命出来。你看那个枝头上，又有一群小鸟在唱歌，它们是新的生命。”豆豆：“人也是这样吧，弟弟在你的肚子里面长大、出来，就是新的生命来临了，对吗？”我说：“是的，我们生活在这样的大自然中，太阳升起又落下，但是永远不会消失。”

第三天，死鸟还在。但很明显的，它的羽毛已经失去光泽，而且很凌乱。豆豆说：“妈妈，我觉得它是真的死了。”原来，他之前还抱有希望。“你看，它没昨天那么大了，它是在慢慢地消失吗？”我说：“是的，好像是变小了。”他突然说：“要不，我们给小鸟办一个葬礼吧？就像汤米的爷爷那样，躺在棺材里，然后葬在地底下。”这是他之前看过的一本书。他开始准备，找来一个盒子、一把铁锹、一块纸板、一支水笔，还有一包东西。他把小鸟放进盒子里盖上，然后放入挖好的坑里，再把那包东西放在小鸟的旁边。我问："那是什么？"他说："有手电筒，害怕的时候就把光打开；有涂色卡片，无聊的时候可以玩涂色；有巧克力，饿的时候可以吃；还有这个，是一张小鸟的图片，我想，它看到图片，会觉得有人在爱着它，会给它力量和勇气……"我越听越有一种似曾相识的感觉。这个包，很像他在美国上幼儿园时，老师教他们准备的地震包。我突然明白，原来5岁孩子眼里的死亡，不过是生命从一个地方到了另一个地方，永远不会停止。

我很真挚地赞美他："小鸟一定很感激你为它做的这些。"他没有说话，和我一起，把泥巴一捧一捧地盖在小鸟的身上。然后，他拿起笔，叫我在纸板上写字。他说："这是小鸟的墓碑，妈妈你说，写什么好呢？"我说："墓碑上不一定要写字，由豆豆画上想说的话，小鸟会更明白。"豆豆想了想，在纸板上画了天空、白云、飞翔的小鸟，小鸟的头上还戴着一个美丽的花环……就如同这只小鸟从来没有离开过。

为小鸟举行完葬礼后，豆豆如释重负。而我突然想起泰戈尔的一句诗："天空虽不曾留下痕迹，但我已飞过。"感谢这只小鸟，感谢豆豆，让我重新思索了生命的意义。

面对原则，别轻易向孩子屈服

每天上班前，我跟小福告别：“宝宝，妈妈要去上班了，拜拜！”他马上走向前来，我把他抱起，他抱紧我，用他的脸贴着我的脸。良久他才松开，然后跟我说：“拜拜！”

每天，小福都以这种特别的方式和我告别。不是哭闹着要跟我走，也不是从忙碌中头也不抬地跟我挥一下手，而是要紧紧地拥抱一下，狠狠地亲一下，吸收彼此身上的能量，抵挡我们分开后的思念。我的每一天，都因为小福的这一举动，变得温暖无比与能量十足。

可是，在半年多前，小福先是突然对于我的离开无动于衷一段时间后，又突然出现分离焦虑，我一走就大哭，拉着我不肯放手。我妈责怪我：“他玩得好好的，你干吗一定告诉他啊，不要跟他说再见，偷偷走！”我知道这样不对，但是每次都顶不住来自老人和孩子的双重压力，灰溜溜地出了门。出门后，我一边走一边想，心情越发沉重，小福的哭声一直萦绕在耳边。这样过了几天之后，我终于忍不住跟妈妈说：“如果我一直偷偷溜走，他就永远也学不会跟我道别，等他突然想起我而我不在的话，就会觉得妈妈是会突然消失的，下次我再离开时他会哭得更厉害。我一定要跟他好好地道别，告诉他我下班就会回来。”从那以后，每次耐心地跟他说完“再见”后，我都狠心把他交到姥姥手里，关门而去。伴随着小福的哭声与妈妈的责怪，我的心里反而轻松很多。这样持续了一个多星期，突然，小福不哭了。有一天，我又要上班时，他跑过来要我抱抱，我以为他是想跟我走，正想开导他，他说话了：“妈妈，拜拜！”我高兴得眼泪都要流出来了，真有种幸福来得太突然的感觉。从此，就这样开始了我们最亲密、最温馨的道别仪式。

很多时候，我们总生活在对未知的焦虑里，养育孩子也是如此。我们不知道采取的方式对不对，事情会往怎样的方向发展，因此很多尝试总被扼杀在萌芽里，很多坚持总是半途而废。这是因为我们总向压力屈服，没有把当时心里那份决定狠狠地坚持下来，也没有给予孩子足够的时间去成长和蜕变。

其实，孩子一直在听着、记着、积累着、理解着，等到有一天，他们突然就懂了，突然就有了勇气，突然就达到了我们希望的样子，并且超乎我们的想象。

孩子在一两岁时，脾气似乎格外大。因为他们的自主意识开始萌发，可是又表达不出来。当他们的要求没有被理解与答应的时候，哭闹便是唯一的武器。和大多数家长的想法一样，我想，我能怎么办呢？这么小的孩子又听不懂大人的话，他们总是在自己的世界里忙忙碌碌，对于外界不理不睬，哭闹起来惊天动地，不达目的誓不罢休。只要我一屈服，就天下太平了。

可是，我没有继续这么做。如果我希望我的孩子能听懂道理，那么，我首先就要把道理说给他听。

小福看到哥哥在玩什么，不由分说，过去就抢。豆豆大部分情况下会让着弟弟，但是有时两人也会抢得死去活来，互不相让。最开始，我主要以劝说豆豆为主，觉得小福正是“什么都想占有”的年纪，又不会表达，抢东西情有可原。可是后来，小福越来越有仗势欺人的趋势，我马上意识到了自己的错误。别看孩子小，其实他们最会察言观色。于是，我不再劝豆豆让着弟弟，而是把小福抱开，先跟他共情，理解与接纳他的情绪，然后跟他说：“如果你需要哥哥的东西，要经过哥哥的同意，哥哥答应了，你就可以拿过来。”说实话，我的话对他一点作用也没有，他用更大的哭声和动作来反抗。我还是继续这样，并让豆豆也学会语言的力量，当弟弟抢东西的时候，就让豆豆告诉他：“你可以先问我，我会给你的。”这样过了一段时间，我再跟小福讲道理时，他便会安静下来，聆听片刻，像是在思索。尽管他有时还是会去抢，但是动作明显没有以前那么简单粗暴了，他心里的天平慢慢开始向对的一边倾斜。

这就是我坚持跟他这么说的作用，尽管当时他在哭，但是久而久之，他听进去了。

父母帮孩子培养一个好习惯，改变一个坏毛病，完成一个新任务，很多时候不会是一朝一夕可以完成的事情，需要付出持之以恒的努力和坚持，需要做到狠心与坚决，甚至冲破内心的底线。对于孩子来说，很多情况下，他只是被动接受，或者只是在试探性地行动，父母如何引导，他就如何发展。

在游乐场，我们常常听到这样的声音：“再玩 5 分钟，5 分钟后我们就回家了啊！”5 分钟过去了，孩子不肯走，父母只好说：“好吧，最后 5 分钟。”可是 5 分钟后孩子还是不走。于是，父母又说：“最后一次了，再不走，我就先走了。”

如果妈妈给孩子设定一个界限，又无数次地打破这个界限，那么在孩子的心里，5 分钟不是固定的 300 秒，而是妈妈同意有多长，就可以有多长。他会想，我可以先试探一下，不同意就算了，同意了我就赚到了。久而久之，他会干脆由着性子做事，不关电视，不肯回家，不按时写作业……在这个过程中，父母的努力与挣扎会白费，孩子也没有学会自我控制。

当我们提出再玩 5 分钟时，先应该想到，孩子很有可能会不同意，那么就可以事先设定一个更宽的界限，比如 10 分钟。也可以给孩子一个选择："你想玩 5 分钟，还是 10 分钟？你来决定。"然后等到了时间，坚决带孩子离开。这样，他才会知道，妈妈说话是算数的，妈妈的指令是清晰而具体的，孩子不会因此而困惑。

黎明前的黑暗最难度过，当我们与孩子处于分离焦虑，当我们与孩子陷入权力之争，当孩子学习一项新的技能、培养一个新的习惯，都需要度过一段较为痛苦和挣扎的时期，才能豁然开朗。但是，也正因为如此，这段时期最重要。关键是作为父母的我们，准备好迎接挑战的勇气、等待蜕变的耐心和面对挫折的镇定与希望了吗？

为孩子的缺点找个完美的理由

豆豆要当小值日生，要当着全班同学的面播报天气预报。对于很多孩子来说，这是轻而易举的事情，但对于豆豆而言，这是一个很大的挑战。而我比他还要紧张。

大概从豆豆 2 岁开始，我就在几种复杂的情绪中纠结，为豆豆的敏感、害羞与胆小。一方面，我觉得孩子的天性都有它好的一面，在我的眼里，豆豆已经是很完美的孩子，就算偶有瑕疵，只会让我觉得他更可爱，这或许是母爱的天性吧。另一方面，在某些场合，我又难免有为人父母的虚荣与尴尬。但这一点，随着经历的越来越多，我从最初的无奈接受事实，到自我调整和安慰，慢慢懂得了从容应对与耐心等待。

豆豆 2 岁多在美国上幼儿园的时候，每天早晨，老师会蹲下来，张开怀抱，热情地叫小朋友名字。很多孩子会很自然、很开心地赖在老师怀里，跟老师聊天。可是，豆豆最多站在和老师面对面能拉着手的位置，听老师说一声“早上好”，他很少主动打招呼，最多的是害羞地笑笑。

豆豆 4 岁起开始回到中国上幼儿园，老师每天都要点名。但他一直都不愿意答“到”，最多举一下手。他自己心里知道，他的这种“特立独行”

或许是不对的。他跟我说:“妈妈，我不想答‘到’，我觉得我要长大一点再说。”

在英语学校，每个小朋友都要上台做简单的自我介绍。豆豆在班上年纪最小，但因为在美国的生活经历，英语各方面水平在班上都算不错。在上课前，他跟我练习了几次，但真正上课的时候，他却临阵脱逃了。班上十来个孩子，他是唯一没做自我介绍的。

我跟老公汇报情况，他轻描淡写地回了一句:“这就是我们的豆豆。”

我们都已经很习惯豆豆这个样子。在人群中，他会大声喧闹，会跟熟悉的人侃侃而谈，甚至他会无声地发起一个游戏，让周围的人都跟他一起玩。这个时候，他是个开朗活泼的孩子。但是，当所有的目光齐刷刷地对着他时，他就会觉得不知所措。他的敏感、细腻和害羞、胆小，来源于他对即将发生事情的不确定性。他害怕成为焦点。

这样的孩子让我的内心生出很多疼爱来。谁不想好好表现自己呢?轻松大方地发言，对有的人来说轻而易举，而有的人却要在内心经历艰难的纠结。我自己就是后者，每次回答问题，我都在心里举起 1000 只小手，可就是没有勇气真正把手举起。我很清楚地记得当时那种紧张、害怕、沮丧和无助的心情，而豆豆的心情又何尝不是如此呢?

有一天，两个同事带了各自的孩子来办公室玩。一个孩子一口一个“叔叔阿姨好”，叫得人心情舒坦。另一个孩子却只是微微对人笑一笑，可也让人感觉那么舒服，让人忍不住喜欢他的安静与淡定。当时我就在想，如果孩子做不到热情大方地与人打招呼，向人微笑不也挺好的吗?如果我们降低自己内心的要求，不强迫他做不愿意或者不擅长的事情，那么很多孩子所谓的“缺点”，其实都可以找到一个完美的理由，并找到更适合的对策。

我们不再要求豆豆一定要跟人打招呼，而是在很长一段时间内，当碰到外人时，我们自己都很大声地跟人打招呼，用身体力行的方式去影响他。他上课不想答“到”，我支持他：“没事，那就等到你想说的时候再说吧。”所以，**在那次做自我介绍的英语课上，当其他家长对我投来各种目光时，我并没有感到尴尬，而是把豆豆抱在怀里，安慰他：“我想，你在那一刻害怕了，现在可能心里也不好受，没关系，妈妈觉得你已经做了很大的努力。下一次，你会比这次做得更好，对不对？”我看到他大吐一口气。其实孩子在自己表现不好的时候也很难受，非常期待父母的理解和安慰。**

我所做的，只是作为一个母亲所应该有的耐心、信任和包容，在生活中，毫不吝啬赞美，从不缺少鼓励，并和他一起付出努力。在他播报天气预报前，我和他一起做准备，查天气，画天气图，写日期，测温度，然后在一种非常自然的气氛下，听他预讲。我一直都没有问过他“你怕不怕”这句话，只想让他知道，这不是一件什么大不了的事情。然后，我找到了老师，希望老师营造一种轻松愉快的气氛，不要中途打断，成功后一定好好表扬他。去接豆豆的时候，老师一见我就很兴奋地走过来，告诉我：“他说得很好！一点也不怯场。”

我松了一口气。对于豆豆来说，这是一次零的突破。对我来说，又何尝不是一种坚持后的胜利呢？随着孩子慢慢长大，他某些方面的劣势会慢慢显现出来。为孩子的缺点找个完美的理由，给予他自尊与自信，就会减少孩子成长中的伤痛。

回头看看豆豆，其实，不知道什么时候起，他已经和以前大不一样了。他可以大方地与人打招呼，大胆地表达自己的观点。在学校的一次元旦表演上，他大方地演唱了一首英文歌曲。

问出孩子的想象力

周末，我本来想带豆豆和小福去游乐园玩，没想到天突然下起雨来，计划彻底泡汤了。孩子们窝在家里百无聊赖，开始抱怨："今天为什么下雨啊，太讨厌了！"

我想了想，把孩子们带到窗前，说："你们看，树枝上有一朵云哦！"6岁的豆豆马上兴奋起来："好奇怪哦！"3岁的小福突然来了一句："是不是被树枝挂住了啊？"

我拉着他们坐下来："我们一起来想象这朵云的故事吧。小福说得很对，它可能是被树枝挂住了，那它是怎么挂住的呢？"

小福争先恐后地说："这朵云在爬树，不小心被树枝挂住了衣服，这时突然下雨了，其他的云都躲雨去了，没听到他呼救的声音！"豆豆接着说："我觉得，可能是云朵们在天上玩游戏，这朵云不小心摔下来，它的降落伞挂在了树枝上……"我也加入进来："或许是它在天上走着走着，没注意看路，撞到树上了，就跟上次你俩边走边聊，结果撞到一起一样。"兄弟俩哈哈大笑起来。

我问："如果把云朵摘回家，我们可以做什么？"小福说："把它晒干，塞到被子里，盖起来一定很舒服！”豆豆说：“它像个大面团，我们加点水、牛奶和鸡蛋，做一个云朵面包吧！”小福的口水马上流下来了：“妈妈，我想吃云朵面包！”

云朵面包，多么诗情画意的名字啊！说做就做，我们把手伸出窗外假装“采”云朵。机灵的豆豆还特意用一根长棍子伸向那片云，“采”到云后，弟弟小福小心翼翼地“捧”着走回来。我把他们的“云朵”装进一个密封袋里，然后“变出”3个跟云朵相似的大棉花糖。孩子们兴奋地大叫起来：“啊，真的是云朵呀！”然后，我们一起把面粉、牛奶、鸡蛋和云朵棉花糖混在一起，烤了一个香喷喷的面包。

外面的雨继续淅淅沥沥地下，房间里飘满了烤面包的香味。吃完面包，我问：“云朵面包吃起来有什么不一样吗？”

豆豆想了想，说：“比以前吃的面包要软得多，还有雨水和树叶的味道！”小福则吃得停不下嘴：“妈妈，这是我吃过的最好吃的面包！”面包当然还是一样，之所以格外好吃，是因为我们给面包加入了想象的味道。

事实上，我对豆豆想象力的培养，在怀小福时就开始了。那时，豆豆对于有个弟弟待在妈妈肚子里感到很好奇，不停地问各种问题。我没有直接告诉他答案，而是反问他：“你觉得，弟弟是怎么来到妈妈肚子里的呢？你觉得弟弟今天做了什么？你们是不是很早前就认识呢？”

豆豆很认真地思索这些问题，最后竟然编了一个故事《天的那边》：在天的那边，豆豆和弟弟是非常要好的小伙伴。后来，豆豆先来到地球，成为妈妈的孩子。豆豆走后，弟弟非常想念他。他先到彩虹仙子那里要到通行证，再到白云仙子那里要了一朵可以驾驶到地球的云，还要打败看守地球之门的凶恶怪兽，才能来到妈妈肚子里……

每天晚上，豆豆都趴在我的肚子旁，我俩你一句我一句地编故事。有一天，我胎动时豆豆正在旁边，我说：“弟弟正在跟怪兽打斗呢，他马上要打开地球之门了……不信你来摸摸！”豆豆一边摸，一边兴奋地对着我的肚子说：“弟弟，怪兽最大的弱点是他膝盖！你快踢他膝盖！”在哥哥的想象力胎教下，弟弟小福一出生就活泼好动，并且狂爱能打败所有怪兽的奥特曼。

我很喜欢能问出孩子想象力的绘本，比如《风到哪里去了》。在绘本里，孩子一遍遍地问：“白天结束后，太阳去哪了呢？风停的时候，风去了哪里？山到顶端后，山又去了哪里？海浪打到沙滩上，海浪呢……”读起来让人心灵安宁，又充满关怀与想象。每次读完绘本，我和孩子们就躺在床上，你一言我一语地继续延续这些问话。我问：“天亮了，星星去哪了呢？”孩子们说：“星星跑到小朋友的眼睛里啦！”我问：“小鸟的生命消失了，去哪了呢？”孩子们说：“小鸟变成阳台上的风铃，每天给我们唱歌听！”我问：“冬天的雪融化了，它们去哪儿了呢？”孩子们答：“它们钻进花儿的身体里，跑到春天来啦！”……

就这样，在一问一答间，孩子的想象力被大大地激发。妈妈的问题犹如美丽的翅膀，帮助孩子在广阔无垠的世界里自由自在地飞翔。

告别分离焦虑：妈妈送给孩子的神秘礼物

从家里到幼儿园只几百米的距离，小福会走上 10 分钟。他会用各种方法来拖延去幼儿园的时间，一到门口，他立马爆发，大哭起来。有好几天，我都是强行把他抱进去，交到老师手里，然后狠心离开，听到他撕心裂肺的哭声，我感觉心都碎了。

老师跟我说，其实他一整天下来还是挺开心的，就是早晨哭得实在太厉害，难免在接下来的活动中还带着情绪。如果能想个办法，给他一个有力的安慰或心理缓冲，那他的焦虑期应该会很快过去的。

周末，选了一个小福心情不错的时间，跟他说起幼儿园的事。我说："妈妈觉得你在家里挺开心的，在幼儿园老师也说你表现得超级好，为什么每天到幼儿园门口会不肯进去呢？"他想也没想回答："因为我不知道。"

3 岁的小福，对自己不够自信的答案一律用"我不知道"来回答。我猜想，在这里，他的"不知道"是因为他不知道走进幼儿园的大门后会发生什么，但又不会表达出来。于是我说："你是不知道在幼儿园其实可以很开心，对吗？其实你还担心碰到麻烦妈妈不在怎么办，对吗？"他点了点头："如果我能把妈妈装在口袋里就好了！我想你的时候，你就跳出来。"

我想起我小时候也曾异想天开，希望我口袋里有个万能的小人，在我不想写作业的时候，跳出来帮我写作业，在男孩子欺负我的时候，帮助我打败他们。我怎么就没早想到，小福也有这种愿望呢？

第二天一早，在送他上学的路上，我们还是像往常一样慢慢地走着，看得出他心事重重。我停下来，说："让妈妈抱抱你。"他张开双臂，跳到我身上，我抱紧他，感觉那个平常热情奔放的孩子在那一刻是多么柔弱与无助，我知道他需要的其实是支撑他一个人在幼儿园度过一整天的力量。我说："现在妈妈在给你充电，妈妈身上的能量一点点地到了你的身上，等我们走到门口，你的身上就拥有了巨大的能量，让你能变得更加勇敢和坚强。"他好像比以前更享受这个充电的时光，把头靠在了我肩头。过了一会儿，他问："现在是几了？"我疑惑。他又问："现在几格电了？"我笑了，平常我们在家老说手机一格电、满格电，看来他还真的入戏了呢。

到了门口，我说："现在满格电了，你身上是不是有了满满的能量？"他从我身上跳下来，没有像以前那样大哭。但还是迟疑着不肯进去。我说："把你的手给我，我要送你一件神秘礼物。"我在他的手心亲了一下，说："快点抓紧，把它放进口袋里，这是妈妈给你的吻，等你想妈妈的时候，把手伸到口袋里，就感觉妈妈在里面一样。"他真的紧紧地把手握起来，放进口袋，脸上露出新鲜与兴奋的笑容。他主动伸出另外一只手，把妈妈的又一个吻装进了另一边口袋，然后还不够，他说："妈妈，帽子里也要装一个。"

小福带着妈妈的三个吻，没有哭，没有担心，自信而平静地走进了教室。下午接他的时候，我看到他两手插在衣服口袋里，一副酷酷的样子。老师告诉我，一整天他的情绪都非常好，连睡午觉也表现得很独立。我笑了，我知道是妈妈的吻给了他力量，这是我们俩独有的秘密。

后来，一次偶然的机会，我看到绘本《妈妈心 · 妈妈树》。这本讲母爱的书，其实讲的也是一个孩子和妈妈分离，度过焦虑期的故事。故事里的小苹果，缠着妈妈不想上学，妈妈在她的脸上亲了又亲，还在她的手心点了三下，代表“我爱你”三个字，小苹果紧紧地握住那三个字，含着眼泪向妈妈说“再见”。可是第二天，小苹果又不想上学了，她哭着说：“那三个字，我又看不到，我还是会想妈妈，我要妈妈陪我上学……”妈妈想了一个办法，她用手绢做了一颗心，对小苹果说：“你把这颗心带到学校，挂在教室旁边的大树上，就像妈妈陪你上课一样。”小苹果踮着脚尖，用一根长长的棍子，把“妈妈心”挂在教室旁边的大树上。她看了又看，嗯，真的很像妈妈坐在树上陪她呢！后来班上的孩子都带着“妈妈心”挂在树上，这棵妈妈树，在每时每刻都注视、陪伴着孩子们。

我给小福读这个故事时，我看他的眼神里发出平静而幸福的光芒，感觉像是在读他自己的故事。

不久，小福的哥哥豆豆要独自去参加一个 9 天的夏令营。6 岁半的豆豆一方面表现出一副勇敢、无所畏惧的样子，另一方面又对那未知的 9 天有些担心。这时，小福想了个办法：“哥哥，你也带上妈妈的吻吧，这样你就不害怕了。”豆豆说：“那么久的时间，这个吻会消失的。有什么办法让吻不会消失呢？”豆豆突然眼前一亮，说：“我知道了，妈妈，你还记得我们看过一个绘本吗？是讲一群小孩坐火车出去旅游的故事，有个小男孩带了妈妈的吻，是妈妈涂了口红，亲在一张张纸上。一开始，他不敢拿出来，怕别的小朋友笑他。但是后来，有个最小的男孩子哭了，很想妈妈，于是带吻的小男孩送了一张妈妈的吻给那个小男孩，说：‘这是妈妈的晚安吻，你把它放在脸上，就像妈妈跟你道晚安一样。’小男孩拿了妈妈的吻，放在额头，再放在枕头下面，一个晚上都睡得很好。”

我想起确实跟他一起读过这样一个绘本，如果豆豆不提起，我完全忘记了，我惊叹于孩子惊人的记忆力，他们会把最触动内心的东西深深地藏在记忆里。于是，我也给他做了很多这样的吻，在餐巾纸上印上了我的唇印，兄弟俩把它们装在一个铁盒子里，说："这个是早安吻，这个是晚安吻，这是受伤吻，这是想念吻，这是第一天的，这是第二天的……"豆豆捧着这个铁盒子，就像是捧着一个宝物。

后来，我给豆豆打电话，他跟我说："我放了一个吻在我的枕头下，一个在我的口袋里。有一天，我手指被蜜蜂蜇了，我用这个吻包住了伤口，就没那么疼了。"那一刻，我的眼泪几乎要掉下来。我亲他似乎只是一个习惯，但是我从来没有想过，妈妈的吻对他来说却有如此巨大的力量。

胆怯的孩子，需要加倍的爱与耐心

幼儿园有一年一次的“照相日”，照片出来的日子，我们兴致勃勃地去看豆豆的照片。结果发现，集体照上他笑得很灿烂，而个人照，全班就他一个人没有。老师说，那时他死活也不肯照。我知道，在那样众目睽睽的情况下，豆豆肯定会觉得很不自在，所以他不愿意走到相机前面去。

豆豆是个有些害羞的孩子。害羞是有不同原因的，可能是受家庭、环境的影响。我想，我们在这方面的教育一定有一些缺陷。孩子有样学样，我和老公都不是很外向的人，不是很擅长与人打招呼和相处，所以豆豆没有从我们身上学到大方、外向的待人接物方式。豆豆本身也是慢热型的孩子，他思维谨慎敏感，在不熟悉的人或地方，会很焦虑。对于新的人和事，他需要慢慢升温，需要多些时间才能感到安全与舒适，才肯去与不熟悉的人交往，去参与不熟悉的事情。

不管什么原因，我们要尽量去接受孩子的这种胆怯行为，而他们，也比外向大方的孩子更需要周围的大人用耐心、理解和鼓励来帮助他们学习和掌握社交技巧。胆怯的孩子，更需要我们好好地善待。

大多数孩子，并不是绝对的胆怯，他们在某些方面会非常活泼、非常擅长，而在某些方面则表现得不够自信。比如豆豆，他喜爱“动”的事情：游泳，追赶，跑跳……而对于相对“静”的、需要精细技巧的事情，他往往需要多点时间，需要鼓起勇气去参与。在很长一段时间里，家里买回来新的拼图、积木、画画等玩具后，他都要看我们做上几次才自己动手。我们那时也不催他，先做给他看，再鼓励他自己参与，等到很熟悉的时候，他会表现出十足的自信去独立完成。

不敢在大众前表演节目也是一样，孩子感到胆怯，其实主要是对他自己的行为不够自信。以前，豆豆在美国幼儿园的课堂上总是不敢发言，老师教大家动作时，他只看不做（一开始也有英文水平的问题）。经过我们与幼儿园老师的沟通，老师对他给予了特别的关注，哪怕他只是害羞地笑一下，老师也会用“Leo 觉得这个问题很好笑”来鼓励他的回应。后来，豆豆的英文水平没问题了，加上老师的鼓励，他在课堂上开始回答问题。虽然不是特别积极与活跃，但对他来说，已经是很大的进步。

后来幼儿园要举行新年的活动表演，豆豆要和其他小孩子一起上台表演节目。为了能够让他自信大方地表演，我在家里和他练了很多次。每次练完，我们都要开心地抱一下。表演的时候，他在台上表现得非常大方和开心，就像和我在家里做的时候一样。

熟能生巧，孩子的社交技巧其实是可以练出来的。让他感到有信心做好，他才会多参与。比如，在家里帮助孩子练习要表演的节目；把在课堂上要回答的问题提前练习；把对外的社交活动在家里做“角色扮演”，扮演学生和老师，扮演顾客与收银员、服务员……等到了真正的场合，孩子会有一种在游戏中一样的自在与自信。

我们还抓住一切机会，让孩子与人打交道。每次豆豆收到礼物，我都鼓励他打电话去道谢。我把要说的话先教给他，一开始他并不愿意，他说："我不敢，妈妈你帮我说。"后来，我意识到我说的话有点长，我要他说"谢谢你给我买的礼物，我很喜欢"。于是，我对他说，你只要说"谢谢"就行了，他爽快地答应了。电话里，我对送礼物的朋友说："你给豆豆买了玩具，豆豆要跟你说'谢谢'。"豆豆拿过电话，很响亮地说了声"谢谢"，还顺便说了句"我很喜欢"。那一刻，我特别高兴，好好地鼓励和表扬了他。我知道，孩子在试图突破时，是需要很大勇气的，我很为他感到骄傲。而且，他在那个时候也特别需要父母更多的鼓励，才会再向前走一步。哪怕父母只是多说了短短的一句话，只要他的行为有所改变，不论表现如何，父母都要鼓励和赞美他的独立自主和勇气。

胆怯的孩子，需要加倍的鼓励和赞美，也需要加倍的耐心和爱，一定不能操之过急，最好能为他们创造一个没有压力的环境。当孩子不愿意与其他孩子相处时，家长不能硬逼着孩子去和小朋友一块儿玩；当他们不愿意表演的时候，就不要逼着他们表演；当真的发生"全班表演就他一人没上台"这样的情况，父母也不要生气和难过，而应该好好地去安慰孩子。更重要的是，当孩子拒绝与人打招呼、拒绝表演的时候，不要当着孩子的面说"不好意思，他是个害羞的孩子"，这会让孩子在心里接受这种消极的暗示，导致他自暴自弃，再也不愿意尝试。

我自己也曾经是一个胆怯的孩子，每次上台前，都要紧张很长一段时间，但幸得老师青睐，每次都委以重任，责任让我不得不克服胆怯。所以，对于孩子来说，培养他们的责任心，也是消除胆怯心理的好办法。

育儿路上会经历各种各样的问题，你曾经可能一度困惑、沮丧、不知所措，也可能后悔当时自己做得不够好，而没有把孩子培养得更好。但是很多时候，我们还有改正的机会，只要用耐心、毅力和爱去面对育儿中的问题，你就会发现这些问题其实没有想象中那么棘手。

欣赏孩子的执拗

豆豆是好脾气的孩子，他会思考两秒钟，然后大声地说“好”来表示同意；结束一个游戏时，他会主动说“20 分钟到了，我不玩了”；他总是很开心地大笑，总是那个不侵犯、不打扰别人，说话很轻声的好朋友。他情不自禁的时候，会对我说“妈妈，我爱上你了”，然后主动献上“香吻”；他还喜欢躺在我的臂弯里睡觉，宛如一个刚出生的婴儿。

他是那么温顺乖巧，可是很多时候，他又是那么执拗，执拗得可爱，执拗得像在不停地提醒你：我是个孩子，一个我做什么你都不要问为什么的孩子。

他有严格的秩序感，上楼时一定要我们在门口等着他来开门；开门时一定要先敲门，再转动门把手，然后用身子把门推开。有一回，我们全部进去了，他说不行，我们又全部出去站在原地，他又重新开一次门，原来他忘记敲门了。还有一回，他要求先上楼，我没听清楚先上了，他急匆匆地追上来，拉着我的手下楼，回到他说话的地方，要我站着别动，他迈步了，我才能慢慢地跟在他后面走。他这项“癖好”开始于 3 岁左右，持续了好几个月。家里经常发生的事情就是，爸爸抱着一大箱子东西在门口等着；怀着老二的我憋着尿在洗手间门口等着；或者我上完厕所后赶紧冲出来，继续在门口等着，等着他慢慢地上楼来开门。

他喜欢绿色，喜欢一切与绿色有关的东西。他喜欢绿色的原因很简单，因为好看。我问，那红色好看吗？他回答，也好看。那你喜欢红色吗？不喜欢。为什么呢？因为我喜欢绿色，绿色更好看。家里买了一箱酸奶，一半绿色，一半红色。他喝绿色的酸奶时，一定要配上绿色的吸管。等到绿色酸奶喝完了，他才愿意喝红色的，这时就一定得用红色吸管了。虽然退而求其次，但是绝对不能“混搭”。

上厕所的时候，所有的动作都必须由他亲自完成。一天，我顺手把马桶帮他冲了，他就哭起来。我拿纸巾帮他擦了擦鼻涕，然后丢到马桶里，说：“你帮我把纸冲掉吧。”他不同意，一定要我把纸拿出来，我说：“纸已经湿了，拿不出来了。”他哭得更厉害了。我把马桶冲了，说：“那你再尿一次吧，这次妈妈不冲了，你自己冲。”他说：“好。”我一边在心里笑，一边看他“挤”尿。10 秒钟后，他终于挤出来了两滴。可是，他又哭了。他说：“太少了，我不冲。”我趁他不注意，倒了一点黄色的洗手液进去，说：“你看，有呢，是你尿的。”他仔细看了看，终于走过去把马桶冲了，然后跟我说：“妈妈，为什么这不是早晨的第一泡尿，也是黄色的呢？”

他有很固执的喜好，喜欢的东西会很执着地喜欢；不喜欢的东西，你说破了嘴皮他也不要。他不喜欢黑乎乎的东西，比如豆沙、巧克力蛋糕。一天，幼儿园的小朋友过生日，准备了好吃的巧克力蛋糕。接豆豆的时候，老师告诉我，其他小朋友都吃得很高兴，只有 Leo 没吃。我问：“蛋糕是不是巧克力的？”老师回答：“是的。”我说：“这就是典型的 Leo，不吃颜色黑乎乎的东西。”一次，我趁他不注意，塞给他一口巧克力蛋糕，他吃完后说：“好吃！我还要。”我把蛋糕拿出来，他看了一眼，嘴角立刻现出鄙夷的神情，然后转身走了。那个表情和那个背影，每次一想起我都要笑一番。

他喜欢坚持自己的说法。有一回，我和他走在落满花瓣的路上。他停下来问我：“妈妈，你也是踩着花子走过来的吗？”我问：“什么花子啊？”他说：“就是花子啊，地上的花子。”我回头一看，说：“哦，原来是花瓣啊。”他说：“不对，是花子。”之后，他还是一直把花瓣叫花子，只有自言自语的时候，才承认是花瓣。我也不会特意去纠正，因为孩子只是觉得好玩而已。

对于豆豆某些方面的执拗，豆爸有时会觉得我对豆豆过于宠溺，觉得我不该对他百依百顺。可是我觉得，尊重孩子内心的秩序和选择并不是宠溺，我只是多给孩子一点耐心和时间，让孩子自己决定该怎么做而已。

有一回，豆豆在上幼儿园前，坚持要“再玩 20 分钟”，因为时间已经不允许，豆爸强行把他抱上了车。半小时后，我又在门口听到小人儿的声音，原来他哭了一路，到了幼儿园门口还是不愿意进去。于是，爸爸只好答应回去再玩 20 分钟。回来后，他破涕而笑，在家里待了一会儿，然后主动跟我们说：“可以走了。”

这件事后，我更加坚定地相信，任何强行的做法，到最后都没法把事情真正解决。哪怕孩子那一刻表面上妥协了，但是他的内心并没有满足，反而会抑制他的思想。碰到棘手的情况，如孩子不愿意听从，一定要按照他的想法来，我的做法一直是给予他一定的自由，但是也不忘灌输规矩。可以给予他足够的时间去适应新规矩，但不是没完没了。孩子的内心有杆秤，他自己知道什么是对、什么是错，他的自控能力只有在得到满足的情况下，才会一点一点地加强。

欣赏与理解孩子的执拗，是一件很美妙的事情，你给他一个既有规矩也有自由的成长空间，他将给你展示一个自由自在又会自我约束的孩童世界。

把犯错的机会还给孩子

从幼儿园接豆豆出来，我很习惯地蹲下来抱抱他，很自然地帮他调整一下他的小内裤。我知道，他自己每次上完厕所后裤子都不会穿得很整齐，有时裤头扎在里面，有时穿斜到一边。我并不说出来他穿得不好，而是很快地帮他整理好，像什么都没发生过一样。从他自己开始穿裤子起，无论穿多久，穿得怎么样，我都耐心地等着他，让他自己慢慢摸索，在不断犯错的过程中总结出经验。后来，他穿裤子的速度越来越快，穿反的次数越来越少，也穿得越来越好了。孩子学习任何一样东西，都要经过这样一个不断犯错、不断完善的过程。

犯错误是上帝交给孩子的权利。孩子犯错分为两种，一是长辈必须立即纠正的，比如触摸电线等危险行动，乱扔垃圾、说脏话、打人等不良行为。而另一种，却是孩子能够自行纠正的，他们能在不断犯错的过程中总结经验，从而很快地学会这项技能，并慢慢走向独立。

可是，有多少父母剥夺了孩子犯错的机会，自己包揽一切，阻碍了孩子正常的生长过程？孩子学吃饭的时候，看到孩子把饭撒得到处都是，父母马上把勺子拿过来亲自喂。结果孩子三四岁了，还不会自己动手吃饭。孩子学说话的时候，刚刚指着杯子，不等孩子说出来，父母就赶紧问：“哦，宝宝，你是要喝水吗？”孩子说话的欲望马上被浇灭了。孩子学走路的时候，父母怕孩子摔了、磕了，就抱在怀里，不放他下来。孩子开门时，钥匙怎么也塞不进锁孔里，父母一把夺过去把门打开了。孩子要求洗碗，父母担心孩子把碗摔破，跟他说：“等你长大一点才会洗。”慢慢地，无论碰到什么事情，孩子都下意识地认为“我不会，我还没长大”。于是，“啃老族”这个词横空出世，各种“父母陪着上大学”“父母陪着去面试”的新闻层出不穷。

有这样一个故事：一位母亲为她已长大的儿子操碎了心，也伤透了心，最后她不得不求助于教育专家。专家问她：“孩子第一次系鞋带的时候打了个死结，你是不是不再给他买有鞋带的鞋子？”这位母亲点了点头。专家又问：“孩子第一次洗碗的时候弄湿了衣服，你是不是不再让他走近洗碗池？”母亲回答“是”。专家接着说：“孩子第一次整理自己的床铺，整整用了一个小时，你嫌他笨手笨脚，对吗？”母亲惊愕地看了专家一眼。专家又说：“现在孩子长大了，不但没有上进心，并且一遇到困难就来找你，是吗？”母亲更惊愕了，她从椅子上站起来，凑近专家说：“您怎么知道的？”专家说：“从那根鞋带知道的。”母亲又问：“以后我该怎么办呢？”专家说：“当他有麻烦的时候，你最好赶紧去帮他解决；他要结婚的时候，你最好给他准备好房子；他没有钱时，你最好给他送钱去。这是你今后最好的选择，别的我也无能为力。”这是一个有点冷的故事，却足以让每一位家长沉思。

孩子的成长有自己的规律，在孩子的成长过程中，如果一出现困难，孩子自己还没来得及去想清楚是怎么一回事，父母就冲过去把事情“摆平”，那么孩子就永远不知道该如何处理。父母的这种做法，破坏了孩子的自然成长规律。本来孩子可以自行消化和处理的事情，如果父母硬生生地把事情揽过去，那么他们的生命里就有了这一阶段的缺失。

曾经有一个13岁考入少年班的孩子，母亲对他一手包办，虽然培养出了一个“神童”，可是他几乎没有生活自理能力。学校因为顾及他年纪小，破例让其母亲陪读。结果，母亲不仅包办他生活上的所有事情，还进入教室，跟孩子寸步不离。同学的取笑，加上母亲总会有对付不了的事情，让孩子最后不堪忍受，与母亲彻底决裂。

没有经历过任何挫折，没在错误中吸取经验教训、得到完善与成长的孩子，到最后会留下很多没有及时解决和消化的问题，这些问题会在某一时间铺天盖地而来，以至于他们根本不知道该如何应对。而那些从小父母就给予自由空间和犯错机会的孩子，早已经在处理事情的过程中成长和独立起来。就像一句话所说的：“成功的法则就是把犯错误的速度提高一倍。”到最后，犯错的机会就会越来越少。爱迪生在研究灯泡的时候，面对1000多次错误，他说：“至少我明白有1000多种材料是不适合做灯丝的。”孩子的成长过程也是如此，不停地犯错，然后不停地否定错误，才能积累正确的经验。

豆豆刚开始自己吃饭时，我会一次做足两次的分量，为了让他撒掉一半后还能吃一半。他14个月时已经能够独立吃饭，再也不让人喂。他学走路时，我放手让他走，他摔倒了，我不动声色，鼓励他爬起来。刚开始的时候，他会求助，会哭，可是后来，他已经把摔倒当成走路的一部分，会很自然地爬起来，就像什么都没发生过一样。他学说话的时候，我从不自作聪明，把他要说的话先说出来，而是鼓励他先说，发音不准、说错，都没关系，犯错就是学习的过程。他玩积木的时候，很简单的一个动作，他用上半天也没法完成，我有时在一旁确实看得很着急，但是我不会马上去帮他。他摔碎了一个玻璃杯子，我说：“你看，玻璃是很容易碎的，我们下次要小心。”我又丢下去一个塑料杯子，说：“你看，塑料的不容易摔碎。”他要求洗碗，我给他买了专门的围裙，让他站在椅子上和爸爸一起洗碗。他忘记收拾玩具，我不会帮他收。一次，他踩在一个积木上摔了一跤，我告诉他：“那是因为你的房间很乱，所以才容易摔跤。”刚搬到新家的时候，楼道里的楼梯很高、很陡，我自己走起来都有点害怕，每次豆豆走时我更是担心。可是，我不能每次都拉着他的手，要不然他永远也不敢自己一个人走下去。事实上，孩子其实是很谨慎的，他懂得慢慢地迈开脚步，懂得用手紧紧地抓住旁边的栏杆。到我最终完全放心地看着他下楼，也就不到一个星期的时间。

我总是听很多家有小学生、中学生的父母说，每天要花很多时间陪孩子做作业，我觉得很不可思议，孩子做作业，为什么要家长陪着呢？他们回答：“如果不陪着，孩子就不好好做，会东张西望，拖拖拉拉，老是忘记或者做错。”我记得我们小时候，父母从来没有陪我们做过作业，都是自己放学回家就主动把作业做完。我也曾经有几次忘记做作业，被老师批评过之后就长记性了。其实，每次犯错之后，孩子都有惭愧、准备改过的心理，他们必须经历这一过程，才能将好的东西沉淀在心里。无论是学习一项技能、培养一个习惯，还是孩子本身个性的形成，孩子都会在好与不好、对与错的尝试中变得越来越熟练与优秀。

我刚和老公在一起生活时，总觉得他在生活方面就是一个白痴。他不会做饭，不会买菜，不会讲价，所以我事事包揽，尤其是出门买东西，我是绝对不会放手让他一个人去买的，他买到的东西必定有三个特点：不实用，不便宜，质量差。有段时间我去上课，一个小时的课程期间，他就在周围带着孩子随便转。有几次，他都主动说：“我去把菜买了吧。”其实这是很完美的计划，可是他马上又会说："还是不去了，我也不会买。"我下了课，一家三口又出发去买菜。我怀老二的时候，一进超市就想吐，所以有两个月没进过超市，他前前后后买了十几次菜，一次比一次买得有心得。事后我明白了一个道理，家务事对于老公，就像孩子学习技能、培养习惯一样，如果不给予他犯错的机会，不让他去尝试，他就永远也学不会，甚至对于会的事情也会习惯性地说不会。

总担心孩子犯错，总想为他们安排周全，这样的父母自己很辛苦，孩子也会不开心。孩子犯错其实是一件好事，他在犯错中学会了自我调整，在失败中经历了自我成长。经历过风雨的人，在以后的道路上一定会走得更加踏实和稳健。所以，何不给孩子一个犯错的空间，把犯错的机会还给孩子？

孩子“说谎”，不必大惊小怪

豆豆中午在幼儿园吃饭，下午接他回家的路上，我总是忍不住问他，午饭都吃完了吗？他会很仔细地回答我，某样吃完了，某样还剩了一点，某样没有吃。听完这样的汇报，尽管有时觉得他吃得并不多，但我心里还是满意的。一来，他能清晰地表达；二来，他说的应该是真话。最近这些天，他的回答都是“吃完了，都吃完了”。我反而觉得有点担心了，真的都吃完了吗？他会不会在撒谎？天哪，他会撒谎了？我那句“真的吗？别骗妈妈哦”差点就脱口而出。

好在我并没有说出来，而是像以往一样夸奖了他。但是，我很为自己的“小人之心”而脸红。当孩子刚出生的时候，他们是天真无邪的，是不会说谎的，甚至有时他们无意识的谎言，还让我们觉得可爱至极。他们说“我家里有架大飞机”“我今天看到了像房子那么大的一只狗”，他们在别人的惊讶中找到极大的满足。但是，慢慢地，他们的谎言开始变得有意识，开始让父母担忧。“我们从没教过他撒谎，他从哪学的？”父母们很是疑惑。然而，孩子说谎，真的是无师自通吗？

像我问豆豆的午饭问题，如果每次听到他说没有吃完，我就来一句

“你不乖哦，我不喜欢你了哦”，或者“你再这样，下次妈妈就不给你带午饭了”，甚至给予更严厉的警告或处罚，那么孩子有一天肯定会为了取悦我，而跟我说：“我都吃完了。”所以，在听到豆豆说这句话的时候，我反思了一下，幸好我从来没把“没吃好饭”和“不乖”等同起来。我跟他说：“你觉得吃饱了就行，妈妈觉得你是大孩子了，吃多少由你自己决定。”他在吃饭上没有任何压力，所以“我吃完了”这句话并不是取悦我的假话。但是，我的第一反应彻底地出卖了我，说明我不是那么相信孩子，我也在担心着，稍有不慎，便会在不知不觉中引导孩子去说谎。

孩子成长的过程，是从最敏锐的观察、最细致的模仿和最准确的判断开始的，他们天生不会说谎。但是，为什么有的孩子话还不怎么会说，就先学会了说谎呢？那是因为，一旦发现生活中存在谎言，他们很快会觉得“我也可以说谎”。他们如果内心充满了恐惧，就会用说谎来保护自己；他们如果发现诚实反而受到批评，以后就会用谎言来逃避责任；他们如果总是被忽略，就会用说谎来吸引别人的注意。

像这样的因素与现象总是充斥在我们的生活中，想让孩子不说谎都很难。比如，爸爸明明在家，却让妈妈跟电话里的人说不在家，幼小的孩子看在眼里记在心里。比如，父母要求孩子做某件事，同时承诺“你做好了，我就带你去 × × 玩”，结果孩子认认真真地做好了，承诺却得不到兑现，孩子感到受了骗。这样的事例，就给了孩子说谎一个最初的平台，他们会认为，父母都撒谎，那我也可以；父母的话并不完全可信，我可以不听、不信他们的话；撒谎是一件没多大关系的事。

等孩子慢慢长大，他们总结出更多的“生存经验”。孩子撒谎最主要的原因是他们对说真话充满了恐惧，如果他们说真话，就可能会被打、被骂、被处罚。但是，如果他们说谎话，很可能就会风平浪静，还会得到表扬。尝到一两次撒谎的甜头后，以后撒谎就成了习惯。

当然，每一个谎言的背后，都有不同的动机。除了逃避惩罚、取悦别人，有些谎言只是孩子为了好玩，看到对方的表情特别开心，孩子会幸灾乐祸地说："哈哈，你被骗了！"有些谎言是为了安慰或满足自己，孩子想拥有某个东西，就骗其他人说"我有"；或者为了吸引大人的注意，尤其是长期被忽略的孩子，撒个谎、挨次打也没有关系，总比父母对他不闻不问要强。

父母如何面对孩子说谎？首先，不要做孩子说谎的引导者，让孩子觉得说谎没什么大不了，父母要特别注意自己的言行，不在孩子面前说谎，许下承诺就要去兑现。其次，去了解孩子说谎背后的动机，看他是在呐喊什么、求救什么，还是想掩饰什么、逃避什么。而最重要的，也是在所有的育儿问题上都应该坚守的原则：对事不对人。孩子撒谎只是一次事件，不能说明他不乖，也不能表明他是在针对你，更不能说明他的本性就是坏的。坚持了这个原则，面对孩子的谎言，父母才能以最客观和最妥当的方式去处理，让孩子不再轻易撒谎。

有这样一则小故事，可以给父母们一些启示。在一个海外家庭，孩子学习中文。父亲每天都会在孩子作业本的每行后面画上一个记号，总共12行，孩子每天得写完12行的生字。这并不是多繁重的任务，孩子一般都能很好地完成。但是有一天，当她写到第10行的时候，窗外同伴们的声音此起彼伏，都在喊："快出来玩，就等你了！"这时，孩子想了一个办法，她把父亲画的最后两行的记号擦掉，然后出去玩了。后来，父亲发现了她的小诡计，把她叫到房间里，问她："你知道爸爸为什么要把你叫进来吗？"

孩子回答："知道，因为我不乖。"（孩子会下意识地将"不乖"与"做错事”联系起来。)

爸爸回答:“不是因为你不乖，是因为你今天很想出去玩，所以才想出一个骗爸爸的办法。”(但是父母得“人、事分开”，孩子只是做错了一件事，并不能说明孩子不乖。同时说出孩子的心理，让孩子觉得被理解。)

孩子点头，沉默不语。(给孩子反思的时间。)

爸爸问:“你觉得这样做对吗?”

孩子回答:“不对。”

爸爸说:“那你下次还会这样吗?”

孩子回答:“我不会了。”

爸爸抱紧她:“你是一个好孩子，爸爸相信你，爸爸会永远爱你。”(让孩子知道，尽管她做错了一件事，但是爸爸妈妈还是像以前那样爱她，消除她内心的恐惧，以后碰到这种情况，孩子就不会再说谎了。)

在孩子小的时候，父母要尽量能够成为孩子的避风港，不要让孩子过早地承受外界的压力，充满对生活的恐惧，被迫用说谎这种方式来保护自己。给孩子无条件的爱，不要说“你不乖，你做错了事，我不喜欢你了”。要让孩子感觉到:爸爸妈妈会永远爱我，无论何时他们都会保护我，他们是我永远的避风港。

温和而坚定，正面管教的力量

Chapter

04

为人父母，首先要学会情绪管理

当我的身体处于疲惫状态时，孩子总是带来挑战，忙碌的生活让我似乎承受不了一点意外的发生。我的情绪很容易就处于失控的边缘，对待孩子没有耐心，经常大吼大叫，突然失去理智。事后，想想刚才可怕的自己，看着瘦小的孩子害怕与委屈的模样，又忍不住后悔：我这是怎么了？如果那 10 秒钟我没有爆发该多好！

情绪管理是父母一生都需要学习的功课，发脾气解决不了问题，反而会让事情往更坏的方向发展，让父母和孩子都处于伤心难过之中。很多时候，一件事情本可轻描淡写，然后继续平平静静、开开心心地享受生活的快乐，而不是第二天起床后还在懊恼不已：我昨天度过了多么糟糕的一天。

很多人知道发脾气有多么不好，尽管如此，还是隔三岔五地发脾气。久而久之，这似乎变成了一种习得性无助，自己控制不了，脾气总是好一阵坏一阵，生活质量也跟着时好时坏。

当孩子做事拖拉，沉浸在他的世界里，对你的话充耳不闻；很多事情都达不到你的要求，动作又笨又慢；很多方面都不及别的孩子，还一副扶不上墙的样子；破坏力极大，一转眼就把家里变成一个大垃圾场；不按时写作业，总是东张西望，注意力不集中；不听你的话，甚至跟你对着干……

前面的5分钟你可能还很耐心，但是“说了多少遍都不听”后，你就爆发了！事后想一想，才觉得这些大都是小事，完全可以通过不发脾气的方式解决，并且可以解决得更好。那我们应该怎样做呢？

首先，请接受不完美的自己。生气了发脾气，跟饿了想吃、困了想睡觉一样，是人的一种本能，偶尔发脾气是很正常的事情，不要因此而妄自菲薄，觉得自己就不是一个好妈妈了。跟父母学习育儿知识、提升自我一样，情绪管理也是一门功课。

其次，要找出自己情绪失控的原因。很多时候，情绪失控来自现实与期望之间的差距带来的压力。孩子的能力没达到某个水平，可是父母的期望却远远高于这个水平，两者之间的距离越大，父母就越容易将内心的压力发泄到孩子身上。孩子系不好鞋带，喜欢搞破坏，注意力不集中，不敢在公众场合发言……很多时候，只是因为孩子年龄小，还不具备这些能力，或者说这只是孩子在某个年龄阶段的特点而已。如果你适当地降低自己内心的标准，孩子看书，不需要他能看完整本，只要能看5分钟就可以了；孩子不收拾玩具，只要他能跟你一起收也行……期望值一降低，心理压力就小了。并且你要相信，这只是暂时的现象，未来可以有很多的时间与方法去慢慢解决，心态平和了，情绪失控的概率也就降低了。只有当家长的内心平静下来，才能将所学的各种教养知识沉淀在内心，成为自己的一种状态。否则你会经常困惑，为什么我看了那么多书，听了那么多讲座，甚至我自己从事的就是儿童教育这个职业，可是为什么这些知识用到自己孩子身上却收效甚微？

再次，要把握好管教孩子的“度”。当今育儿领域很流行的两个词叫作“放养”和“圈养”。在正面管教里，有“温和与坚定”，还有“他律和自律”。归根结底，这两个方面就是“管”与“不管”。有的家长会为孩子吃得一桌子狼藉而火冒三丈，有的家长却可以做到视而不见；有的家长会为孩子的一次撒谎而大发脾气，有的家长则会巧妙地避开撒谎这个标签，只去纠正孩子的行为；有的家长会不停地纠正孩子的每一个错误，直到把自己和孩子惹怒，有的家长则会去寻找孩子每一个值得赞赏的地方，哪怕再糟糕……到底，怎样才是准确的“度”，这个“度”该怎么把握？人世间几乎所有的事情，都要考虑这个问题。但是，对自己熟知的事情我们不会有这种疑虑。养育孩子也是如此，当我们有足够多的方法去应付孩子带给你的各种挑战，你能做到游刃有余时，就不会那么容易发脾气了。

在传统观念里，父母教育孩子，就是帮助他纠正错误，建立正确的观念与方法。于是，父母常常扮演一种高高在上的角色，看孩子的眼光很犀利，一眼能看出好多问题，然后再很快指出来。这样孩子会处于一种紧张与被打压的气氛当中，脑袋一片空白，不明白自己在做什么。看到孩子表现得越来越差，家长的情绪便一触即发。这一点，在我成年后父亲教我开车时还深有感触。他在我耳边不停地指责，这样不行，那样不对，当时我的脑子里其实是什么都听不进去的，本来很紧张的心情就变得更加紧张，车子数次熄火，到后来我干脆不学了。

所以，父母不要总在孩子面前很强势，你说什么，孩子就得做什么。随着孩子年龄的增长，他的独立自主意识越来越强，不可能事事都听从于父母，这时父母与孩子之间就会发生权力之争。习惯了高高在上的父母，又怎么能允许孩子不听从于自己呢？于是，脾气马上来了。

父母教育孩子，其实是以自己的风度来影响孩子。当孩子出现小错误的时候，你能否做到按兵不动？在孩子学习的过程中，对于那些你觉得简单得不能再简单的问题，能否让孩子来教你？在孩子的日常生活中，你是用温和而坚定的力量引导孩子，还是用大喊大叫的方式来命令孩子？风度，才是父母教育孩子的真正内涵。而这种所谓的风度，正是通过良好的情绪管理来实现的。

有一个绘本叫《一生气就大吼大叫的妈妈》，它获得过德国每年一评的最高荣誉，作者是德国当代几位风格鲜明的绘本名家之一。这本书讲的是：

今天早上，我妈妈突然发脾气了，她冲着我生气地大叫。结果，吓得我全身都散开飞跑了……我的脑袋飞到了宇宙里，我的肚子落入了大海里，我的翅膀掉到了热带丛林中，我的嘴巴插在了高山上，我的尾巴呢？它在街上就像是个谜。我就剩下了一双脚，跑啊跑……我想叫，但没有嘴。我想找，但没有眼睛。我想飞，但没有翅膀。跑啊跑，到了傍晚跑到了撒哈拉大沙漠，我累了。

这时一个大影子罩住了我。原来是我发脾气大叫的妈妈开着大船来找我了。她已经把我那些丢掉的部分找了回来，并把它们重新缝好连上。最后找到了我的脚，这下全缝好了。

“对不起！”发脾气大叫的妈妈对我说。然后我们就开船回家了……

我问跟我一起看绘本的两个孩子：“你们觉得最后小企鹅高兴了吗？”他们说：“嗯，可他还是很疼呀，因为它是缝上的。”是啊，虽然缝上了，但是伤痕还在。

为人父母要工作，要照顾家庭，确实不容易，在照顾好身体的同时，也请照顾好情绪。我们可以降低对自己的期望，不期望永远不发脾气，但是可以先做到在情绪失控的时候能尽快地意识到，不让事情恶化，意识就是成功的开始。然后，再慢慢地改进，把自己修炼得更加从容、优雅、冷静。

积极暂停，结果将大不相同

控制情绪是一件很难的事情。在教育孩子的过程中，当问题出现时，父母的情绪很容易爆发，大多数人又总习惯于在第一时间去解决问题。然而这个时候，父母与孩子都处于生气、郁闷、失望、难受等情绪中，当情绪没控制住，如何做到积极的暂停，也是情绪管理中很重要的一部分。

所谓积极，是说采取非惩罚的方式，这跟西方父母常用的“time-out”不同。“time-out”方法是指当孩子犯错后被剥夺几分钟人身与活动自由，虽然不打骂孩子，但有点像关禁闭。暂停，不是家长命令孩子暂停，而是孩子自觉地暂停。当情绪不好时，孩子来到让自己感到安慰与安全的地方，让情绪慢慢地冷静并恢复过来。

在正面管教体系里，这个地方被称为“积极暂停角”。积极暂停角的方法，可以先从家长自己开始。父母情绪爆发的时候，主动跟孩子说：“妈妈现在很生气，需要去积极暂停角待一会儿，我在那里会变得不生气，然后再跟你好好说话，我一会儿就回来。”父母的行为是孩子最好的榜样，当孩子感觉到积极暂停角发生在父母身上的作用，以及带给自己的是更好的“待遇”时，他也会去积极地使用。

一天下午，趁两个孩子的情绪都不错，我把他们叫过来，说："有时我们会生气、难过，如果让这种感觉继续下去，很可能会让事情变得更加糟糕，我们一起来设立一个积极暂停角吧，这个积极暂停角可以让我们的感觉慢慢好起来。你们可以选一个自己最喜欢的地方，布置成你们喜欢的样子，还可以给它取一个名字。"

豆豆马上想到了他的帐篷，他说："把我最喜欢的书和玩具放进去，还有绿色靠垫拿进去，在帐篷四周挂上一些动物模型，我要把它变成'热带雨林'。"3岁的小福马上不干了："那我呢？那我呢？"豆豆说："你可以和我一起啊！"刚说完，又转念一想："不行，不行，要是我们俩吵架怎么办？"

最后兄弟俩商量，另一个积极暂停角是妈妈的怀抱。当感觉不好的时候，可以在妈妈的怀抱里，就像小时候一样，安静地躺一会儿。这样心情就会慢慢好起来，而且会变得更加有力量。他们也给妈妈的怀抱取了一个更形象的名字，叫"考拉的桉树"。他们曾经看过考拉的纪录片，考拉和桉树总是形影不离，就像他们和妈妈一样。

他们还把所有的情况都预想了一遍，如果是和妈妈生气，就去"热带雨林"。如果是兄弟俩吵架，可以一起去"热带雨林"，一人坐一边，互不干扰；也可以一个去"热带雨林"，一个去"考拉的桉树"，不用争抢。

我的积极暂停角呢，是卧室的飘窗。那里铺上了榻榻米，可以看书，也可以喝茶，把窗帘一拉，就是一个私密的空间，我把它叫作"秘密花园"。

等大家一起布置好"热带雨林"，兄弟俩兴奋极了，恨不得马上就生一场气，去里面"疗养"一下。当然，这个机会很快就来了。一次吃饭，豆豆几次从座位上下来，在房子里转上一圈，再回来吃饭。我提醒他："下次如果再离开座位，就不要回来吃饭了。"可是他不听，吃几口又离开了座位。我把碗收走，他不干，说："我还要吃！"我说："我已经跟你说过了，只要离开座位，做的不是与吃饭有关的事情，就代表饭已经吃完了，而且我给了你两次机会。”他说：“我就是要吃，你把碗给我。”正在气头上的我，干脆把碗里的剩饭一股脑儿倒进了垃圾桶，他立马大哭起来。

这时，我想起了积极暂停角，说：“妈妈现在很生气，要去我的‘秘密花园’待一会儿再出来。”他突然也停下来，说：“我也很生气，我也要去我的‘热带雨林’。”5分钟后，我重新回到饭桌前。一会儿，他也过来了，说：“妈妈，刚刚是我不对。我不应该在吃饭的时候离开饭桌，我还可以吃饭吗？”我说：“后来妈妈态度也不好，不该把饭倒进垃圾桶。但是我在你很小的时候就有规定，离开了饭桌去玩，就不能再吃饭了，说好了就要遵守，妈妈相信你可以等到吃晚饭。”他想了一会儿，说：“好吧。”我蹲下来，抱了抱他：“谢谢你能自觉去‘热带雨林’，让自己冷静下来。”接下来的下午，他没有吃任何东西，直到晚饭。

事情就这样解决了，一场更大的战争在爆发之前，因为我们的积极暂停而消失了。后来，他再也没有出现吃饭时离开饭桌的情况。事实上，孩子的很多好习惯，都是在既温和又坚定的方式下形成的。而积极暂停角，既可以让父母和孩子感觉都很好，又能更有效地解决问题，难道不是一举两得的事情吗？

后来，又有一次，豆豆回家闷闷不乐，嘴里总在哼哼唧唧。一开始，我还很和颜悦色地跟他说：“你是不是感觉不舒服、不开心，或是有些无聊？你可以说出来，你这样哼哼唧唧我也不知道是什么意思。”他什么也不说，还是不停地哼唧。我终于忍不住了，大声地说：“豆豆，够了啊，不要没完没了，你这样哼个不停让我觉得很烦！”他尖叫两声，对我的话表示不耐烦与反抗。

豆豆这副样子，让我非常生气，我的情绪几乎一触即发。然而，很神奇的是，这时我想起了一句话：孩子最需要爱的时候，往往会用最不可爱的方式表达。我对他说："豆豆，妈妈看得出来，你今天心情很低落，想不想到'考拉的桉树'待一会儿。"我张开怀抱等待他，他走过来，我把他抱在怀里，感觉他一下子软下来。我看他慢慢地闭上眼睛，尽情享受在我怀抱中温暖而安全的感觉，就像一个刚出生的婴儿。我看着他小小的样子，心中也生出无限怜爱。当小孩子有了情绪，如果当父母的不去照顾，那还有谁能帮他呢？

将近半小时后，豆豆从我怀抱里出来，跟我说："妈妈，我好了！"我问他："发生了什么事情，你可以告诉我吗？"他回答："妈妈，我也不知道为什么，刚才就是觉得很烦、很无聊。"我完全理解，我自己不也常有这种时刻吗？但我们大人会通过其他方式去发泄，而孩子就只会通过哼唧与尖叫的方式来表达。我很庆幸自己在他需要帮助的时候，没有用伤害他的方式去对待他。

在两个孩子的家庭中，孩子之间常有矛盾发生。本来只是一件很小的事情，因为两人互不相让，就会愈演愈烈。我常常会在他们情绪失控的时候把他们分开，然后让他们各自道歉、和好。但这种方法很多时候都带着逼迫的味道，他们也并不愿意听。有了积极暂停角后，我说："我明白你们都很生气，要不要去'热带雨林'或者'考拉的桉树'待一会儿？等你们感觉好起来后再来想办法解决这个问题。"兄弟俩各自选择自己喜欢的地方，待了一段时间。他们在帐篷里看书、玩玩具，或是躺在我的怀里安静地享受。然后，两人很主动地握手言和。

比起我之前的强行拉开和逼迫道歉，整个过程要顺畅很多。而且，这才是真正地理解与尊重孩子，真正地给予他们自由成长的空间。后来，他们自己在发生矛盾的时候，会主动各自去积极暂停角冷静，学会自己解决问题。

让孩子从小学会管理自己的情绪，孩子只有学会冷静、平和、积极，才能更好地管理自己的生活。

沟通，从接纳孩子的情绪开始

从小我们就被告知，考得好不能骄傲；打针要勇敢，不要怕疼；被老师批评了要虚心接受；见到人要打招呼……我们受到很多“鼓励”，但是父母却很少教我们要“情绪诚实”。我考得好很开心，我打针很害怕，我被老师批评了很难受，见到生人我很不自在……当孩子还小的时候，他们无法正确地表达情绪，要么就压抑自己，要么就以大人看不懂的方式进行对抗。长大后，孩子会担心因为表达了自己真实的感觉、想法、质疑和观点，而被拒绝或被惩罚，因此便对父母报喜不报忧，不敢自由地做自己。

小时候父母对待我们情绪的方式，基本就是我们自己长大后对待自己、对待我们孩子的方式。我们很多时候不敢承认与面对自己的情绪，有时甚至无法准确地描述自己的感觉。对待孩子也是如此，我们常常为他加油鼓劲，却很少蹲下来分享他的喜怒哀乐。当孩子带来挑战的时候，我们第一时间想到的是如何解决问题，而不是承认与接受孩子的情绪，告诉他“你的感觉没有错，你有这些情绪很正常”。事实上，当孩子得到理解和认可后，他的心里会产生强烈的安全感，他就会打开心扉，更愿意听你接下来说的话。

豆豆4岁多时练了一段时间跆拳道。一天，换了一个带班的教练，那个教练整堂课都特别兴奋，看到练得不好的孩子，就抓出来单独教。那并不是惩罚，却是豆豆最害怕的事情。他有很强的本领混在一大堆人里自娱自乐，但一旦成为焦点，就会不知所措。教练没发现这一点，她把豆豆当成重点扶持对象，每个动作都特别关注他。我看得出来，尽管豆豆没有排斥，但他不喜欢。

下课后，我明显地感觉到豆豆没有以往那样兴奋，他耷拉着脑袋，一言不发。我蹲下来说："我感觉你有点不开心。"他点点头。我说："是不是你不喜欢老师单独教你？"他抬起头，有些惊讶："妈妈，你怎么知道的？"我神秘地一笑，说："因为我是你的妈妈啊，自己的孩子有什么想法，当妈妈的一般都知道。"他笑了一下，赖在我的怀里，说："妈妈，我都快要哭出来了，可是我忍住了。"我说："嗯，我知道你做了很大的努力。妈妈也看到了，尽管你不喜欢，不愿意教练让你单独练，但是你还是在努力地做好，谢谢你告诉妈妈你心里的想法。"他说："因为我是你的儿子呀，儿子有什么事情，会第一个告诉妈妈。"

一场"肉麻"的对话结束后，豆豆也忘记了之前的不愉快，和我手拉着手，跳着跑着回家了。"因为我是你的妈妈""因为我是你的儿子"，这是我们之间常常说的话。没有特别的场景，总是很自然地就说出来了。一直以来，我们之间从来都不吝啬爱的表达。除了"我爱你"和随时随地的亲亲、抱抱，那些母子之间可以互相给予的默契、信赖、依靠、鼓励、帮助等，都通过"我是你的妈妈""我是你的儿子"一句简单的话，很温暖地表达出来。那个时候，豆豆总是很激动地钻进我的怀里，那时的幸福，似乎比其他任何时候都要强烈。

"因为我是你的妈妈"，不仅仅表达了爱，更是想告诉孩子，妈妈明白你当时的情绪，不管你是难过、暴躁还是疼痛，妈妈都接受，都觉得这是可以理解的。这是我在孩子还小的时候，就教给他的“情绪诚实”：你可以自由地表达，自由地做自己。

豆豆在 4 岁左右时，和大多数孩子一样，表现出前所未有的自尊与好强。在家里玩游戏的时候，他一次也不愿意输，这和他之前不温不火、与世无争的性格截然不同。我们总是有意识地让着他，有时也跟他讲“输了并不代表全部，玩得开心最重要”的道理。可是，他输之后会有什么样的反应是无法预测的，有时会无所谓，有时哭两声又自己想通了，而有时则会突然爆发，大哭甚至打人、摔东西。

我等他稍微安静下来，走过去说：“输了的感觉确实不好受，如果是我，我可能也会跟你一样。”他停下来，用疑惑的眼神看着我。我接着说：“妈妈也会经常失败，有时尽管很努力了，但还是会失败，因为有时别人确实比我厉害一点，有时可能别人运气好一点。刚刚你和爸爸玩的时候，我觉得爸爸今天的运气好像要好些，老是抓到大牌。”他的表情平静下来，说：“是啊！他的牌总是比我大！”我说：“所以你觉得很懊恼，对不对？觉得为什么他已经是大人了，还要抓到比我好的牌？”他点头：“是的。”我接着说：“确实有些不公平，不过打牌就是这样，两个人玩，有一个人赢，就会有一个人输，要不就是打成平手。上一次你赢的时候，爸爸也有点不好受，但是他觉得就算输一次也没什么，因为玩得很开心啊。你觉得你玩得开心吗？”他说：“我觉得开心。”我说：“那你想不想继续开心呢？”他想了想：“好吧，那我们再来玩吧。”

面对豆豆莫名其妙的突然哭闹，我没有指责，没有惩罚，没有问为什么，没有一开始就说教，而是很平静地跟他聊天，让他说出心里的感觉。他突然就感觉轻松了，长吁一口气。孩子是很讲道理的，他们的“无理取闹”，很多时候只是因为想表达又表达不出来，想得到理解却没有得到理解。而大人总是自以为是地想当然，怎么也猜不透孩子的心思，孩子就会越来越着急，行为就越发不受控制。在公共场合，我见过很多孩子已经很伤心难过，父母再劈头盖脸加上一顿指责的情况。看着孩子越来越“不听话”，反抗越来越强烈，父母的怒气也越烧越旺，最后孩子被吓得慢慢地哭到没了声音，内心的情绪被压抑下去。长此以往，他真的就成为一个不懂道理的孩子。因为他很正常、很自然的情绪和想法被父母的责骂所扼杀了，就像一颗要发芽的种子，被无情的石头阻挡，很难再顺顺利利地发芽。

一天，我带豆豆去打预防针，排在他前面的那个小男孩哭得地动山摇。豆豆尽管之前为自己打气 N 次，下定决心要做个勇敢的男子汉，为弟弟做个好榜样，但看到前面小男孩的表现，他还是挣脱我的手，跑到外面去了。我追上他，跟他说：“打针是有一点点疼，但是是可以忍受的，就像昨天你摔跤的时候会疼一下，但站起来就不疼了，对不对？”他点点头，但还是不愿意跟我过去。我说：“妈妈小时候也跟你一样，每次打针都跑出去，每次外婆都要追好多次……”他一下了感兴趣了。我接着说：“我和你一样，心里有好大好大的恐惧，因为我不知道，那一点点疼到底有多疼，我很害怕针扎进我皮肤的那一刻。但是，后来妈妈克服恐惧了，发现真的就只疼一下，而且完全没有想象中那么疼。”他同意试一下。打针的时候，因为有了心理准备，他一声都没哭。结束后，他还笑着对弟弟说：“可能你也会觉得有点害怕，但是真的不怎么疼。”

还有一次，外婆先带两个孩子到草地上晒太阳，我过去的时候，远远地听见豆豆在哭。走过去一问，原来他和另外一个小朋友在玩一根皮筋时，皮筋断了弹到他手上，手肿了起来。我是经历过这种疼痛的，真的非常非常疼。豆豆也哭得很凄惨，一直扶着手，哭了很久还在抽泣，旁边的人一直在安慰他也没用。我知道，豆豆这时需要的不仅仅是身体的安慰，还有心理上的安慰。我把他抱到一旁，跟他说："妈妈知道，被皮筋弹一下真的非常非常疼，妈妈小时候也被弹过。妈妈跟另外一个小朋友用腿撑着橡皮筋的两端，但是那个小朋友为了去追一只小蝴蝶跑远了，把皮筋拉得太长，橡皮筋断掉了，狠狠地弹在妈妈的腿上，把妈妈的腿都弹肿了，连走路都疼。"他说："是啊，妈妈你看，我的手现在还不能动。"我问："那还有刚刚那么疼吗？"他说："好一些了。"我说："没事，过一会儿就好了，妈妈那时也是，过一会儿就又可以玩皮筋了。不过以后一定要注意，橡皮筋一定不能狠狠地拉，更不能突然松掉，要不然会弹到身上的。"

经过我这么一说，豆豆知道，原来妈妈也有这样的经历，他一下子像是找到了患难朋友，很快忘了疼痛，去干别的事了。

孩子常常有这样那样的小情绪，他们有时把情绪装在心里，有时把情绪表达出来。但无一例外的，他们最需要的往往不是你的鼓励与安慰，而是你的理解和认可。失败的时候、难受的时候、被人误会的时候、做错事情的时候，告诉他，爸爸妈妈也曾经失败过，也常常有难受的时候，也会有被人误会和犯错的时候。让他明白，你能理解他的情绪，能接受他的缺点，能等待他的成长。然后你会发现，他突然对你打开了心扉，他很相信你，愿意把心事说给你听，也愿意听从你的建议。

"小时候，爸爸妈妈也是一个我这样的孩子。现在，爸爸妈妈在我心里是'大人'，是无所不能的大人。有一天，我也会这样'无所不能'。所以，我不会为曾经犯过的错误，有过的失败、疼痛和困难而烦恼。因为爸爸妈妈以前也是这样，但他们现在长成了我最想成为的人。"——这就是孩子内心的独白，你给予孩子这样的时刻了吗？

绕不开的叛逆期

下车的时候，我对豆豆说:“你自己把安全带解开吧。”谁知他头往后一躺，眼睛一闭，两手交叉放胸前，一副老大的样子，意思就是：我不动，你们来！那小样儿让我们又笑又恨，很明显他是故意的，因为他的脸上挂着笑。我们过去胳肢他，他笑得乐不可支，这是一个快乐的宝宝，他鬼灵精怪，连“拒绝”也拒绝得那么搞笑。

我想起一年多前那个叛逆的他。如果是同样的情景，他才不会来这么好玩的一招，直接就回一句“不要”。当你去帮他解的时候，他会出其不意地大哭，让你根本不知道是哪里不符合他的心意。严重的时候，他还会赖在车上不肯下来。

豆豆的叛逆期出现得比较早。1 岁半左右，他的自我意识开始慢慢形成，一方面急于表达自己的情绪和意愿，另一方面又没有足够的自制力来约束自己的行为。所以，那时他最明显的特征就是，不让干的事情他偏要干，不按他的要求来他便发脾气，什么事情都想自己做，而且很多时候还对我们不理不睬。他小小的身体里，储藏着强大的叛逆的能量，对初为父母的我们真是一个巨大的考验。

他挑战我们的权威，挑战我们的耐心和信心，却毫不在意。我们不能一味地去压制他，更不能“以暴制暴”，这样只会让他屈从于自己所处的劣势，不能进行理性的思考，找不到合适的宣泄途径，会对他的心理健康造成伤害。我们也不能对他一味地溺爱顺从，如果我们的执行力不够，原则性不强，在与他的 PK 中屡屡处于下风，那么他的逆反心理会愈演愈烈，坏脾气会从此成为他的印记。

如何在“权威”与“爱”之间找到一个平衡点？对于叛逆期的宝宝怎么管？这不是一件很容易的事情，但是当走过这一时期之后，你会发现，其实路并没有你想象中那么艰难，孩子自己也在不断地成长。他在表达，行为与自我控制会越来越协调；他在思考，能慢慢明白父母教给他们正确的观念；他也在权衡，懂得怎样做会得到想要的结果。所以，只要父母能坚持用科学合理的方法去引导叛逆期的孩子，这个时期就一定会平稳地过去的。

父母要接受孩子的情绪。在很多人的潜意识里，消极的情绪是不对的，积极的情绪才是可以接受的。因此，一些父母在孩子害怕的时候，对他说：“不要怕，这不可怕。”在孩子生气的时候说：“不要生气，生气不好。”在孩子难受的时候说：“不要难受，这没什么。”其实，应该允许孩子存在消极的情绪。这样让父母既有一颗平常心，也能站在孩子的角度想问题，帮孩子说出他的情绪，孩子的心里会觉得好受很多，从而更能接受你接下来对他提出的要求。而且在很多时候，孩子之所以叛逆，仅仅是因为身体原因，比如生病、疲惫、饥饿等，或者是周围环境有所改变，这些都容易让孩子情绪低落，喜欢跟父母对着干，这时父母要对孩子多一些宽容和理解。

了解孩子各个敏感期的特点。比如，很多孩子之所以无缘无故发脾气和哭闹，是因为他正处于秩序敏感期。一旦孩子的日常生活秩序被打乱，孩子就会表现出很多叛逆的特征。

豆豆在很小的时候，要喝水就一定要喝某个杯子里的水，因为他在要求喝水前，早就认定了那个杯子，但是他不会说出来。所以，如果父母不知道原因，就只能很恼火地看着他“无理取闹”。很长一段时间，每次我们回家，豆豆都要求他走在前面，我们跟在后面，走到门前，他先敲敲门，然后把门打开，我们再跟着进去。如果错了其中一步，他就会大哭。而我每次的做法，是心平气和地带他走回到原地，重新来过，他马上就喜笑颜开了。所以，有时孩子的叛逆并不是无理取闹，而是他内心强烈的秩序感使然，和他一起遵循这个秩序，是了解与尊重孩子的成长规律，并不是宠溺。

给孩子多一些选择和改正的机会。当与孩子之间发生对抗冲突时，父母不要急于坚决执行自己的意见，可以试试这样的方式，跟孩子说：“我们要上床睡觉了，睡觉之前，你是要看一本书，还是听妈妈讲一个故事？”而不是坚决地拒绝孩子不睡觉的要求。孩子很喜欢自己拿主意、做决定，因此这种多项选择的方法会非常有效。另外，当孩子犯了错（不危害到孩子安全），也不要毫不留情地批评他或马上对他进行处罚，应该给予他改过的机会。豆豆有段时间吃饭时喜欢拿勺子把饭菜弄得到处都是，我们会警告他三次，之后再犯就把他从餐椅里抱出来，让他去积极暂停角待一会儿，让他冷静下来并把问题想清楚。回来后，他会告诉我们，他这样做不对。

多给孩子一些时间。叛逆期的孩子最明显的特征之一，便是什么事情都要自己动手。可是，他又总是慢吞吞，做不好还容易有挫败感，失去耐心。这个时候，父母一定要耐心地等待孩子。比如出门前，如果他一定要自己穿鞋，那就多留一点时间给他，这样就不会因为赶时间而强行帮孩子把鞋子穿上。两三岁的孩子自我控制能力不强，碰到好玩的游戏或玩具就不想走，这时也需要父母去理解孩子的这种心理，多给他们一些时间，提前并多次地提醒他们，让他们的心理有所缓冲，慢慢去结束这项游戏。

给孩子自主权。很多时候，孩子之所以越来越叛逆，是因为他的大多数行为都受到了限制。孩子的情绪、行为和想法越是无法得到释放，他就表现得越反抗。豆豆喜欢看碟，当他提出合理要求时（这一天第一次提出），我们不会拒绝他，甚至会主动问他要不要看。这样，看碟对他来说并不神秘，不需要很难得才看到一回。在时间上，我们交代他可以看多久或几个故事，把遥控器交给他，看完自己关掉。一开始的时候，我们会稍微提醒，比如再看最后一段或还有几分钟，到点的时候会漫不经心地问他："是不是看完了呀？"让他感觉我们不是在命令他，所以他会很自然地回答："是的，我看完了。"充分地相信孩子，给孩子自主权，让孩子学会自律，这在刚开始对父母与孩子来说都是很大挑战，但越到后面就会越轻松。而时时提醒、命令和强行制止，虽然一开始好像很省事，但这是治标不治本的办法，孩子每次都是不情愿地服从父母，以后在做其他事情时，也会等着父母去管束时才会去做。

讲道理，立规矩。我们总觉得孩子还小，和他讲道理他也不懂，其实孩子的内心是有一杆秤的。你所说的，虽然一开始他没什么反应，但什么是对、什么是错，他会在心中权衡，你说的话他也都记在心里。有一天，他突然就会用这些来约束自己。豆豆 2 岁多时要看碟，如果不给他看，他就会在我身边使劲念叨，念叨得我心烦意乱，再后来一遭到拒绝他就哭。我们的原则是，要看碟可以，但是要停止哭声，好好跟我们说，每天只能看 20 分钟，看完了就关掉。刚开始的时候他并不遵守，每次关机后都要闹上一会儿。后来，他就懂得这个规则了，提前提醒几次之后，他会不吵不闹地离开。现在每次看碟前，他会跑来询问我们的意见，很清楚地表达自己的要求，一到约好的结束时间，他就会主动关掉电视，然后跟我说："妈妈，我看完了。"

叛逆期是孩子成长过程中的必经阶段，他们不是故意针对你的。这段时间对他们来说也很艰难，他们很需要父母的帮助，所以父母要不遗余力地去帮助他们，引导他们平稳地走过来。到时你会发现，养育孩子，真是一件很有成就感的事情。当看着孩子慢慢长大，慢慢地变成你心中曾经想要的样子，你将感到十分满足与欣慰。

告诉孩子，哭是没有用的

从小，我们就教豆豆一个道理：哭是没有用的。

当豆豆想通过哭来达到某个要求时，我们跟他说："当你不哭了，再来跟爸爸妈妈说。"他调整情绪片刻，还带着些许哭腔说："我不哭了。"我们会跟他好好说话，很多时候都会答应他的要求，让他明白，语言的力量是巨大的，而哭是没有任何作用的。但并非每个要求都会答应，跟他说明不行的原因，有时他会哭上几个来回。我们会耐心等待，直到他把事情想明白。最后，他会无奈地说一声："好吧。"就像大人一般，明白了生活的不容易。

慢慢地，他长大了。4 岁的他懂得越来越多，越来越自信与独立，越来越爱证明与表现自己，而且形成了一种反抗意识。

无论是从家到幼儿园，还是从幼儿园回家，豆豆一定会问我："妈妈，你知道路吗？"我说："我知道啊。"他说："妈妈，我想让你不知道。"我说："我不知道，怎么走啊？"他于是热情高涨地走在前面，一栋栋楼房数过去，告诉我我们家在哪一栋、哪一号。如果某个环节不小心出错，比如我没经过他同意提前说出来了，或自己按门铃，错过了他表现自己的机会，他就像被泼了一盆冷水，着急得哭起来。

跟他一起玩数数、认东西等游戏时，有时他真的错了，也一定要坚持己见。如果我们也坚持，双方就会你一言我一语地争论起来。他说："真的是这样的，我本来就知道是这样（他以前知道的就是这样）。"他的内心有正确答案，可是那时他却错了，但他认为错的也是对的，否则就是对他自信的一种摧毁。所以，他干脆哭起来。

他不是爱哭鬼，他哭的时间不会超过 1 分钟。他的哭，是来自内心的一种反抗，因为他需要遵循内心的秩序，需要别人肯定他的能力，需要足够的空间来证明他的独立。

这时，我们问他："豆豆，你说哭有用吗？哭能解决问题吗？"他停止哭，哽咽着说："没有用。"等他情绪稳定后，我们会跟他说"对不起"，有些情况下，确实是我们操之过急。然而，他明白哭是没有用的，时间不能倒过去，没有第一个按到门铃也只能作罢。同时，他也明白一个道理，如果真想做某件事情，可以提前说，或者在父母问的时候要迅速地回答。他也开始明白，他的生活里确实存在一些无奈，需要自己去妥协。比如，大人有时会"不合作""不懂事""不合时宜"——我们告诉他："爸爸妈妈也不是完美的，有时也会做错事情。你要原谅爸爸妈妈。"

我们也告诉他："爸爸妈妈可以让你自己按门铃，走在最前面。但是如果有其他人在后面等着，你就不能磨磨蹭蹭，因为有很多人共同生活在一个大社会里，要顾及他人的感受。"

我们还告诉他："人不能永远都是第一名，也不一定什么都要争第一。你只要觉得自己做得不错就可以了，就算有时失败了，也没什么大不了。我们还有很多其他机会。哭是最不能解决问题的。你想想，哪一次的哭起作用了吗？"

他回答："没有。妈妈，以后我不哭了。"

我说："如果你真的不开心，你可以哭。但是你要明白，哭是没有用的。最后，我们总要擦干眼泪，解决问题，面对生活。"

4岁的孩子，能听懂我的话吗？或许，没法懂得全部，但4岁的孩子，已经具有整个人格的缩影，在日后的生活里，一定可以看到他现在的影子。

不要总对孩子说“不”

晚上睡觉，豆豆突然爬下床说：“妈妈，我不想睡了，我想再玩一会儿。”我说：“晚上是睡觉时间，不能玩了，等明天再玩吧。”他说：“但是我很想玩。”我说：“这样吧，你躺到床上，盖好被子，我们一起聊聊天吧。”他不是很明白“聊聊天”是什么意思，但觉得这一定是一件很好玩的事情。端端正正地躺好后，他就开始喊：“妈妈，你快过来，我们聊聊天！”

我躺在他身边，问：“那我们聊什么呢？”他说：“我不知道。”我说：“那我来问你问题吧。你最喜欢什么颜色？”“绿色！”“你最喜欢什么形状？”“圆形！”“你最喜欢吃什么？”“饼干！”“你最喜欢玩什么车？”“单车和滑板车！”“你最喜欢吃什么水果？”“猕猴桃！”“你最喜欢什么蔬菜？”“胡萝卜！”“你最喜欢谁？”他毫不犹豫地说：“你！”我高兴地抱着他，对他说：“现在轮到你问我了。”他说：“我不会问。”我说：“就像刚刚妈妈问你一样。”他说：“但是我还是不会问，你再问我吧……”“你困了吗？”“困了。”“累了吗？”他撒娇着回答：“妈妈我累了，我想睡觉。”“那妈妈给你唱首歌吧？”我轻轻地哼唱着，轻轻地拍着他，很快他就睡着了。

他熟睡的面容就像天使一般恬静与安详，我握着他的手，感觉暖暖的、软软的，他已经完全放松下来。想着他每一个听话、贴心的时刻，我的心也变得轻松、温暖和柔软起来。不知不觉，我和孩子的相处已经渐入佳境了。他有自己的主见，但是他会在考虑一会儿后主动放弃自己的无理要求，而不会生硬地拒绝我们，更不会无理取闹。他跟我们讲道理，告诉我们他很想做这件事情，如果不做他会很不开心，但他想一想后，还是同意不做或者到合适的时候再做。我们之间似乎很久都没有出现过对抗了，我没有为他的行为而生气，没有强硬地阻止过他，他也没有因为没达到要求而哭闹，更不会不达目的誓不罢休。我和老公常常在一起感叹，养这么个儿子，真是太贴心了。

记得以前有一段时间，当豆豆突然提出“不合理”要求或做出一些“不靠谱”的事情时，我的第一反应是焦虑和暴躁的。如果他睡得好好的，突然从床上爬下来，我的第一想法肯定是：完了！做了半天的无用功，今天不知道要到多晚才能睡了。然后很坚决地来一句：“不行！你不可以！”再给他讲道理。但这个时候，气氛在无形中已经被破坏了，我的心情反映在我的语气里，孩子的心情反映在他的抗拒里。

有一天，我突然发现，我对豆豆说了太多硬邦邦的“不行、不可以、不能”，他也将这几个字用得炉火纯青。我跟他说：“到吃饭时间了！”他说：“不吃。”我说：“睡觉了！”他回答：“不睡！”“我们出去散步吧。”他回答：“不去！”虽然这都是很普通的回答，但是每当这个时候，我都有一种被拒绝了的不快。对于孩子一些无理和不对的要求，该拒绝的一定要拒绝，但有时我太过于直截了当，态度不够温和、有耐心，甚至有时不够尊重孩子。

父母与孩子之间的作用是相互的，你怎么对他，他就原原本本地怎么对你。粗暴的父母养出粗暴的孩子；处处与孩子对着干、时时拒绝孩子要求的父母，养出喜欢与父母对着干的孩子。总听一些父母抱怨孩子不听话，骂没用，打也没用，只能依着他的意思来。可是，以我的经验来看，孩子不听话，很大程度上是因为他常常得到生硬的拒绝，他的要求常常得不到满足，他自身得不到足够的尊重。

刚学会走路的孩子要求自己走过泥巴地，你会同意吗？两三岁的孩子要求和你一起洗碗，你会同意吗？下雨天，孩子要求在水坑里跳一会儿，你会和他一起享受这份快乐吗？很多无关痛痒、没有危险，纯粹是孩子好奇、感兴趣的事情，你有没有尽量让孩子去尝试，并且创造更多的机会给他们？

对于一些他们目前不能做，会危及他们安全的事情，比如倒开水、过马路、搬重物、摸插座等，你在说“不”的同时，有没有让他看着你的眼睛，告诉他这些事情的严重性，并温和地给他们解释？

当孩子的无理要求越来越多，要没完没了地吃糖，一定要买某一个东西，玩得不想回家、赖着不走，该吃饭的时候不吃饭，该睡觉的时候不睡觉……这些时候，你是终于忍不住火冒三丈，还是承认与理解孩子的情绪，再不厌其烦、温和地给他讲道理，然后找一件孩子感兴趣的事情，巧妙地转移他的注意力？

很多时候，我们总觉得孩子只是孩子，他什么也不懂，所以我们得时刻管着他；他什么也不会，所以我们要一手包办；他还不会想问题，所以我们讲道理也没用。而其实，父母对孩子的教育，从来都不是可以立竿见影的，而是一种潜移默化、润物细无声的过程。

只要你对孩子有足够的耐心，充分地尊重和理解孩子，你就会发现，有一天，孩子突然就站在滑梯的边缘不动了，指着下面说：“危险。”有一天，他们不再去摸电线了，因为他知道有电。有一天，他突然就明白，妈妈说的“再玩一会儿”的时间到了，他自主地结束游戏并收拾东西。有一天，他主动地告诉妈妈“糖不能多吃，我今天只吃一颗就不吃了”。有一天，他突然就把父母讲给他的道理记在了心里，并认可了父母的话，在很多事情上，也不再是一门心思先哭闹，而是愿意表达自己的想法，并去考虑事情的对与错。

孩子就是在这样的被尊重、被承认、被理解和被满足中，慢慢学会了生活的道理。所以，不要总对孩子说“不”，认真去听孩子的内心在想些什么，嘴里在表达些什么。不要总强制孩子按照你的意愿来做事，尊重孩子，尽量地满足孩子，不轻易去拒绝孩子，你会发现，不知不觉中孩子已变得越来越懂事，甚至超出你的想象。

多给孩子自主选择的机会

自从放权给豆豆自己选择袜子后，他已经连续两个月每天穿不一样的袜子去上学了。而且颜色都是差别很大的绿色和红色，灰色和黄色，总之一眼就看出这样做不是为了赶潮流，而是纯粹的乱搭。说老实话，一开始我心里还是有点不情愿的，全身上下都“包装”得挺好的，一抬脚就“露馅儿”了。但是，每天早晨，我还是由他自己乐呵呵地跑到柜子前去选袜子，高兴地和他讨论今天袜子的颜色，然后还夸奖一句：“今天选的袜子很好看。”

豆豆的一天，充满了由他自主选择的机会，而选袜子只是一天中选择的开始。有时，看着小人儿自己愉快地忙来忙去，我会有一种“甩手掌柜”的清闲。记得小时候，常常听父母说我们去上学，就是被“放羊”。但是我们的童年是很快乐的，因为那时我们的课外活动非常自由，想怎么玩就怎么玩。

豆豆的幼儿园每天会有很多自由活动的时间，孩子们在教室的各个角落自由地选择自己喜欢的玩具和游戏，老师不会去随便干涉他们。我以前带孩子去上过早教体验课，5 分钟换一个游戏，孩子虽然很新鲜，但不是很喜欢，有时更是被动地跟着老师转来转去。豆豆更喜欢自由活动时间，想玩什么就玩什么。在家时，基本上也是我做我的事，他忙他的，互不干扰。孩子的成长，特别需要一个独立的空间，让他可以在不被打扰和干涉的情况下，自主地选择和独立做出判断。

曾经有记者问Google的创始人，你们的成功应归功于哪一所学校？他们的回答不是斯坦福大学或密歇根大学，而是蒙台梭利幼儿园，因为那里自由自在的学习氛围为他们的独立打下了良好的基础。

很多父母习惯了一手包办，把事情安排得面面俱到，孩子只需要点头回答，只需要按要求做就行。这样的父母会很累，因为没有喘息的机会；他们的孩子也会很累，因为没有拒绝的机会。**我们的教育需要有“留白”，需要一定的放手，这不仅可以让父母“乐得清闲”，也可以让孩子多一些自主探索、自我修正、获取智慧和成功的机会。**

晚上快到睡觉的时间了，豆豆还想玩一会儿积木，我说：“因为现在很晚了，如果你现在选择玩积木，就没有时间看书了。”他想了一会儿说：“我玩积木，我不看书。”后来到了床上，他提出要看书，我说：“你刚才已经选择了玩积木，现在太晚了，不能看书了。”他说：“好吧，妈妈，我下次再也不玩那么晚了。”他是一个狂爱看书的孩子，但是他记得自己的选择，也承担了自己的选择带来的结果。

如何给孩子选择的机会，让孩子在完整的选择过程中成长？这不是简单地让孩子做选择题的问题。

在选择前，父母可以先做好准备，或稍微优化一下选项。比如，想让孩子选择今天的早餐，你先要拿出可以提供的早餐供他选择，不要等到孩子要选了，你却没有准备，这样就失去了选择的意义。父母也需要给孩子提供一个不要过于复杂的环境。豆豆以前玩积木时，因为积木数目和颜色都太多，他玩的时候总是处于混乱的状态。当我拿掉部分积木，只剩下两三种颜色时，他的世界马上就变得简单多了。

孩子选择前，父母可以做这些功课，但是当孩子进入选择程序后，父母最好做到“袖手旁观”，尽可能少提或不提意见，真正让孩子做主，即使他们选错了，也不要轻易去纠正（除非会对他们造成伤害）。

我曾经在超市看到这样一幕：一个妈妈带着孩子买饼干，她让孩子自己选择。孩子拿起巧克力味的饼干，妈妈说：“不行，巧克力的太甜了。”孩子拿起夹心的，妈妈说：“不行，夹心的吃得到处都是。”孩子拿起最简单的一种，妈妈说：“这个不好吃吧。”……孩子最后生气了：“妈妈，你说过要我自己选的！”这样的情况几乎在每个家庭都发生过，父母习惯性地以自己的经验和想法来帮孩子做决定，觉得有时孩子不明白事理，不按常理出牌，需要及时纠正他们的选择。哪怕是简单的什么好吃、什么不好吃的问题，父母也要以自己的喜好来左右他们。其实对于孩子来说，有时什么口味并不重要，重要的享受吃的过程。而且，孩子从自己的错误中学到的东西，永远比从父母的指导中学到的多得多。

在孩子作出选择后，如果孩子的选择是合适的，父母要和孩子一起高兴；就算选择有误，就如豆豆的袜子，也不要指责和否定孩子，让孩子自己去总结和吸取教训，甚至还可以鼓励孩子去享受这种“创造”的乐趣。对于某些错误选择，只要不会危及自己、他人与周围的环境，父母最好的办法就是什么也不说，下次再给他们机会。请你相信，孩子下次一定会做得更好。

孩子不爱写作业，怎么办

豆豆上小学后，我就跟他说，我不要求你成绩多好，但在低年级一定要养成按时写作业，并且写得又快又好的习惯。很多家庭会在孩子上学后陷入“作业之争”，家长花大量的时间陪孩子写作业，孩子花大量的时间写作业。好的写作业习惯，既可以提高成绩，端正学习态度，为孩子争取更多自由玩乐的时间，也可以让家长从陪孩子写作业中解放出来。

“按时、快、好”，是我对豆豆写作业的要求。“按时”，是要求他回家稍作休息以后就把作业写完。“快”，是要求他加快速度。6 岁的孩子常常会有完美主义倾向，稍有不好，就喜欢擦掉重写，这样不仅卷面不整洁，而且会减慢速度，所以我要求他只要没错就继续往下写；另外就是让他养成集中精力的好习惯，把一件事情完成再去做其他事情。“好”，是说有不会做的题很正常，但会做的一定要做对，从小要养成细心的习惯。

豆豆从小专注力很强，也算是比较细心的孩子，所以后面两点慢慢地做得越来越好。但是“按时”这一点，对于兴趣广泛、做事狂热，一副扑克也可以一个人玩上几个小时的豆豆来说，贯彻起来很困难。他常常是一开始某一项活动，就把写作业这件事情抛到了九霄云外。前面一个星期，他能做到中午一回家就把作业写了，后来他慢慢地拖到晚饭前，再拖到晚饭后，再后来干脆忘记写了。

每次我跟他一提起这件事，他就很不耐烦，还学“不一样的卡梅拉”那样说话：“作业，作业，就没有比写作业更好玩的事情了吗？”让我哭笑不得。好像催他不好，他觉得这件事情自己能搞定，就算晚一点也没关系，我不想催多了让他对写作业失去主动性；可不催也不好，眼看着离睡觉时间越来越近，我明明知道他这件事情没完成，不催心里就像猫抓似的。

一天，趁着他心情不错，我把他叫过来，说：“豆豆，有件事情妈妈想跟谈谈，就是你不按时写作业的事情，希望我们能一起找到解决办法，你愿意谈一谈吗？妈妈保证不发脾气，我们俩都保证不互相指责，好不好？”

他迟疑了一下，还是回答说：“好吧。”

我问：“你对这件事情有什么想法？”

他说：“我觉得上午上了半天课已经很累了，所以回家就想放松一下，玩扑克，算数字，走迷宫，这都是我放松的方式。”

原来如此，我从来没想到，他做这些我认为的“脑力活儿”是在休息。我也没有想过，跟我们上班一样，他上学也会累，也需要休息。

我肯定了他的话，跟他共情：“我知道了，就跟妈妈下班回来什么都不想干，只想在沙发里躺一会儿一样，你上学回来也会感觉累，也需要休息。你是不是希望放学回家后可以自由自在，玩够了再写作业？”

他点头。可能因为得到了理解，我感觉他眉头打开了些。

但是很显然，他的感觉确实没错，可是行为却不对。于是，我说：“你想不想听听妈妈的感觉是什么？妈妈的感觉可能和你的不一样，这很正常，每个人的感觉都不一样。每当你不按时写作业的时候，妈妈心里会觉得很着急，怕你拖到最后又忘记了，或者因为时间不够而写得匆匆忙忙的，这样不仅卷面不整洁，还会把会做的也做错。而且如果你能早点完成作业，那么接下来你想干什么就可以干什么了。但如果你拖到最后，玩的时候心里还惦记着写作业，玩得也不痛快，对吗？”

他说：“是的，有时玩着玩着心里会想着作业还没写，就会不开心。但这个想法很快就过去了，因为玩得很开心，不愿意停下来。”

我抱抱他，肯定他的话，接着说：“谢谢你听我说，也谢谢你告诉我你的感觉，你觉得我们可以做些什么，来解决这个问题呢？”

我拿出纸和笔，说：“我们两个人可以把各自的想法都写在这张纸上，然后再一起选择有帮助的方法，你觉得怎么样？”

他对这个“游戏”很感兴趣。于是，我们你一言我一语地写下了很多方法，比如：调好闹钟，回家30分钟后开始写作业；中午全部用来玩，下午一回家就写作业；回家的时候可以坐下来吃东西作为休息，但不能开始一项喜欢的、需要玩上很长时间的活动；做一个惯例表，把每天放学回家后的事情列出来，并排一个顺序，再把它们做成图片，挂在墙壁上，每天都遵守……

他的方法里，有一些是我根本不会同意的，但是我没有打断他，一直到我们俩把所有的方法都说完。然后，我们一起商量哪些方法是最可行而且两人都同意的，把这些方法打上钩，作为解决方案。

选中的这些方法其实我在之前也都提起过，可他不以为然。但是用这种尊重、平等的方式引导他思考，由他自己想出来，他会有一种“是为自己工作”的主人翁意识，所以很乐意去做。最后，我们约定一周后对他写作业的情况进行总体的回顾，看他遵守得如何。

一周的时间很快到了，是他主动提醒我的。我们俩坐在一起，我对他表达感激，谢谢他愿意和我一起解决这个问题，并且遵守得很好。这一周的每一天，他都在中午一放学就写完作业，剩下的时间他可以自由自在地做自己喜欢的事情。他做了放学后的惯例表，忘记的时候我会提醒他："去看看，你的惯例表上下一项是什么？"他说："妈妈，我喜欢你用这样的方式提醒我，而不是老是催我。你知道吗？其实每次你站在我身边，不说话我就知道你要说什么了，有时我本来想去做的，你一说我反而不想去了。"

他的话让我出了一身冷汗。想起我自己，从小到大，何尝不是如此呢？大人一副高高在上命令你的样子，让你不由得从心底里想要反抗。

当然，在写作业这件事情上，豆豆后来还是出现了不愿意写和忘记写的情况，但是有效的沟通让我们能用很正面、很积极的方式去解决。两个月后，按时写作业成了长在他身上的一个习惯，我再也不需要提醒他。

我在心里感恩，在孩子还小的时候，我学会了用尊重孩子也尊重自己的方式与他沟通，让他从我这里得到鼓舞，愿意对我敞开心扉，愿意和我一起寻找解决问题的方法，让整个过程平等而顺畅。这种方式让孩子从小就拥有了解决问题的能力，并且真的帮助他培养了一个好习惯。

表扬孩子，你做对了吗

豆豆 6 岁多开始学习架子鼓。据老师说，这个年龄学乐器已经有点晚了，可这还是我们在“放养”很长一段时间后，他自己经过“精挑细选”才确定要学的乐器。在学之前，我们反复跟他确认，也反复提前告知：“学乐器是一条很漫长的路，尤其是前面几个月，会很枯燥，如果你开始了，就要坚持下去。”他很坚决地点点头。老实说，说这些话的时候，我并没有什么底气。因为常常看到琴童的家长们焦头烂额，当时孩子热情饱满地要学一门乐器，可是几个月之后，就到了“谈琴色变”的地步。

在跟他们交流的过程中我发现，大多数家长都会在孩子学琴的过程中带给孩子很多负面的感觉。比如，在孩子弹琴时不断地纠正指责，打击孩子的热情；当孩子懈怠时，喜欢拿孩子跟别人做比较，“你看某某早就会了”；一旦孩子有放弃的念头，马上批评“这点小困难都克服不了的话，以后你什么也做不了”；或者进行威胁与贿赂，“你今天不弹完就不要吃饭，你弹好了我就给你买玩具”……久而久之，孩子便对弹琴失去了兴趣，开始与家长做斗争：我要怎样才能逃过一次，怎样可以取悦他们，怎样才能控制他们，得到我想要的东西？

所以，我在豆豆开始学架子鼓之前就告诉自己，在他学乐器的过程中，一定不要指责，不要说教，不要比较，不要威胁，不要贿赂，也不要空洞地赞美，而要去体谅、理解、接受他的情绪，用健康的方式鼓励他，不停地鼓励他。因为鼓励这个“法宝”，我对豆豆的学乐器之路倍添信心。

学架子鼓先从学军鼓开始。前面几节课，在一旁观看的我都不知道是怎么熬过去的，枯燥的几个动作，一练就是一个小时。而且老师不停地打断，不停地纠正，几乎没有任何趣味可言。虽然我早有心理准备，但心里还是堵堵的。

老师很吝惜表扬，即使表扬，也不过是“还不错，对了”这类没有内容的话。这跟我从小到大得到的表扬一样，“你真棒”“你真厉害”……简单而空洞。偶尔听到会很高兴，但是听多了就没什么感觉了。

所以我在想，等下课后我该怎样鼓励孩子。他是站着打鼓的，一站就是一个小时；他从什么都不会，全身僵硬，发展到动作越来越自然；他整个过程中没有表现出厌倦与放弃，很努力地跟着老师练习……下课后，我把这些都说给他听，并说：“你真的很不容易，换了是我，肯定很难做到。豆豆，我想你也很为自己自豪吧。”

只见他大吐一口气，靠在我身上。回家后，他又继续兴趣盎然地练了半个小时。我想，经历了整整一个小时的不断出错与纠正，这个时候的他，太需要这样鼓励了：以他为主角，肯定他的努力，客观地描述他值得赞赏的行为。

但初学乐器终究是一件枯燥的事情，豆豆的兴趣还是一天比一天递减。他终究只是个孩子，当他觉得没意思或是太难时，自然会有不想学和偷懒的念头，这是人的天性，只是成人会用理智约束自己，而孩子却不会。有时，他真的很不在状态，也毫无进步，甚至比几天前还要差。很多时候，我那些批评、指责的话就要脱口而出，忍不住就想要纠正他的姿势和动作。他对此反应非常强烈，丢下鼓棒说：“我不练了。”

我赶紧调整情绪。在鼓励的技巧里，有一条是“即使再糟糕的情况，也有值得称赞的地方”。我心平气和地站在一边，不发表任何言论，等他打完后，我说：“你今天坐得很端正，手指的力度控制得刚刚好，今天比昨天多练习了5分钟……”而我憋着没说出口的话有：你走神了，没跟上节拍器；又忘记扣腕了；鼓头没打到鼓的中央……他有点疑惑地看着我，原来他知道自己没用心练习，对受到我的鼓励感觉很意外。接下来的几天，他练习的态度好了很多，也没有表现出厌倦的情绪。而我，继续用我的火眼金睛，去发现他每一个值得鼓励的地方。

几个月过去了，随着学习内容的不断丰富，他对打鼓的热情越来越浓厚。因为我健康、正确的鼓励给了他克服困难的力量，让他能够保持学习的兴趣与热情。

心理学家德雷克斯在他的著作《孩子：挑战》中说道：“鼓励与表扬，在养育孩子的过程中，比任何方面都重要。孩子几乎所有不好行为的原因，都可以认为是缺乏适当的鼓励。一个行为不当的孩子，是一个没有受到鼓励的孩子；受到鼓励越多的孩子，行为和性格会越好、越健康。”

习惯培养对了，孩子的人生就对了

Chapter

05

培养孩子的专注力，从不打扰开始

我和老公半夜出差回来，在熟睡的豆豆身边睡了一晚，第二天起床后他径直就走出去了，压根儿没发现我们。饭桌上，我们笑谈豆豆“两耳不闻窗外事”的各种奇葩事，再由此转到他做事认真专注的特点，觉得这其实是他的一个优点。

豆豆的爷爷马上讲了一个送伞的故事。我们小时候上学，父母不接送，一到下雨天，他们会提前送伞到学校来。爷爷说，每次到豆豆爸爸的教室，总是要喊上好几分钟，加上好几个同学帮忙，他才会反应过来。而一到豆豆姑姑的教室，她总会非常奇妙地在第一时间看到豆豆的爷爷，似乎一直就在东张西望。

一个孩子从小拥有的习惯与品质，会影响他一辈子。老公在学业上一直很顺利，工作后在他的领域也做得非常出色。在和他认识之前，我不知道一个人可以专注到他那种程度：一旦进入工作状态，他的脸上就写着四个字“闲人勿扰”。很多时候我得鼓起很大的勇气才敢叫他赏脸吃个饭，因为有时实在是自讨没趣。他如果开始了一件事情，可以不吃不喝一整天，再狂热地熬上几个通宵，直到全部完成。

豆豆在这一点上，显然跟他爸爸很像。他也是一旦喜欢上某样东西，就会非常投入，可以几个小时心无旁骛。他不轻易停止已经开始的事情，一定要全部做好才罢休。他不喜欢一心二用，觉得这样很辛苦。碰到不喜欢的东西，他比其他人更加坚决地不去做。

相对于拥有一个太专注的老公，我时刻有唱独角戏的感觉，拥有一个专注力强的孩子，却让我的生活如沐春风般地舒爽。对于一个孩子来说，专注会让他的内心安静下来。不仅在日常生活中父母会少操很多心，而且一个安静的孩子会有一股强大的能量，让父母处于稳定平和的心理状态中。专注，能让孩子静下心来独立思考，独立解决问题，他的思维会在这一过程中得到很好的开发。美国曾做过一项关于智商与专注力对成功影响的调查，发现孩子在智商上的差别其实并不大，但是专注力强的孩子却更容易成功。而且，孩子常常专注做一件事情，会促使他的智商越来越高；相反，注意力总是不集中的孩子，大脑常常得不到有效的开发，智商也得不到很好的提升。

孩子的专注力，与他的个性有一定关系，但主要还是后天培养的结果。很多家长喜欢给孩子下结论：不爱看书，喜欢东摸西摸，坐不住……就说明孩子的专注力不强。这显然是片面的，每个孩子都有自己的性格特征，有的好静，有的好动，有的对书感兴趣，有的喜欢玩益智游戏，有的喜欢户外活动。对于孩子来说，这都是很正常的现象，是孩子以不同方式探索这个世界的表现。一般的孩子会在 2 岁半左右突然“安静”下来，可这时他真正集中注意力的时间，也不过几分钟而已。

培养孩子的专注力，其实就是通过意志努力，把他的注意力保持下来，这与孩子本身的情绪状态、需求、兴趣以及过去的经验等都有关系。所以，如果想通过某一件事情来培养孩子的专注力，就需要在一个安静

和不被打扰的环境下来进行，而且这件事情要既富有挑战性，又容易满足他的自信心。更重要的是，这件事情是孩子感兴趣或者能满足他某种需要的。我们可能都有过这样的经历，孩子一开始对买回来的玩具不感兴趣，但过段时间再拿给他，他就喜欢得不得了。这是因为随着年龄的增长，他已经能够掌握这个玩具的难度，他的成长经历酝酿出对这个玩具的某些兴趣。

所以，父母首先要做的，就是不要在孩子正聚精会神做一件事情的时候去打断他。很多时候，孩子的专注力遭到破坏，其实是由父母的一些不好习惯造成的，比如不给孩子独立玩耍的机会，打断正在玩耍中的孩子，孩子没有固定的个人时间，尤其是像看书、画画、玩积木等这样的“安静时间”。事实上，像这些生活中时常发生的小事，如果做好了，就能有效地提高孩子的专注力。

此外，选择过多也会导致孩子分心，影响孩子专注力的培养。现在的大多数孩子，都处于一个选择过多的家庭环境里，他还没有搞定这个玩具，又发现了另外一个玩具，于是几乎不假思索就放弃了原来的玩具。他的积木箱里有几百块积木，有几十种颜色，这让他眼花缭乱，不知道从哪开始好。家长们不妨试一试，当只剩下几块积木时，孩子的世界会一下子简单很多。用这少数的几块积木，他可以发现更多的玩法，能够保持持久的兴趣，专注力就是这样训练出来的。

细节决定成败，父母做事情的方式极大地影响着孩子。专注力强的父母，可以给孩子潜移默化的影响。专注力的培养，还需要父母尊重孩子，给予孩子独立发展的空间，帮助孩子选择适合的书籍、玩具、游戏、课外活动等。在这些过程中，给予孩子积极的关注，适时帮助他度过厌倦期和瓶颈期，将他长久专注的东西培养成他的兴趣，并长期坚持下去，孩子一定会受益匪浅。

给孩子好成绩，不如给孩子好习惯

在美国的一次聚会上，我问起身边一位女士关于她孩子的情况。她还没开口，周围的人都立即围过来，对她的孩子赞不绝口。她的女儿是美国最好医学院的学生，而且画得一手好画，弹得一手好琴。这样的孩子，在大多数人眼里一定是优秀的，而像我这样的年轻妈妈，也一定不会浪费取经的机会。我问她，是怎么把孩子培养得这么优秀？

她的回答简单扼要，重点突出。她说，最重要的一件事情，是在孩子尚小的时候，一定要培养她良好的习惯。好的习惯会让孩子受益终生。相反，如果从小没有帮孩子改掉坏习惯，那么孩子越大就越难纠正那些坏习惯，今后孩子的一生都会受其困扰。

她说，女儿从小成绩并不突出，但是她并不觉得考 80 分与考 100 分有多大差别，越到最后，习惯好的孩子越容易赶上。所以，相比起成绩，她更关注孩子良好习惯的培养。比如在时间管理上，做到上学不迟到，做事不拖拉；在生活细节方面，从小学习将东西归位、归类，让生活井井有条；在事情安排上，做到快乐地学习和玩耍，从小学会自己安排好写作业、阅读、弹琴、画画和自由活动的时间。另外，当孩子在某件事情上出现困难，不想坚持下去的时候，父母会帮助她渡过难关，将好的习惯保持下来。就这样，到了中学以后，她的学习和生活都非常轻松和快乐，因为好习惯不仅让她拥有更多的时间去发展兴趣，而且也大大提高了她做事的效率。

这一席话让我豁然开朗。那时豆豆3岁，正好是自主意识增强但自控能力又很弱的时期。比如，刷牙的时候他喜欢到处玩，一开始我并没在意，觉得这只是孩子爱玩的天性而已。可是后来我发现，很多小事他都喜欢半途而废，中途被其他东西吸引。比如，他穿鞋的时候看到一个小火车，就要先去玩两下，然后就忘记了穿鞋这件事情。我希望他知道，做事情要一心一意，要完成一件事情后，再去做另外一件事情。因为我自己就曾经深受坏习惯所累，碰到事情多的时候，会同时开始很多事情，但到最后，可能一件事情也没做完，从而在心理上承受着很大的压力。而将事情一件一件地完成，是一件很有成就感的事情，而且能让生活变得轻松。

所以，在生活中我也是这样要求豆豆的，让他做完一件事情，再去做另一件。一件玩具不玩了，先收拾好，再去玩其他的。穿鞋子的时候，先把两只都穿好，再去干别的。

知道了这些道理后，豆豆在看《小猫钓鱼》这个经典故事时就很有感触。他主动告诉我，小猫钓不到鱼，是因为它一会儿跑去抓蜻蜓，一会儿去抓蝴蝶，只有认真地钓鱼，不为其他事情分心，才能钓到鱼。

渐渐地，他拥有了很强的专注力，知道了如何认真、高效地去完成一件事情。这个习惯也让他上学后受益很大，他用了很短的时间就养成了按时、快速、准确完成作业的习惯。我想，这跟他更小时候习惯的培养不无关系。给孩子好成绩，不如给他好习惯。在培养孩子的过程中，不应该过分在意形式与表面上的东西，要更注重对孩子长远发展有利的品质。

那些细小的习惯，看上去似乎微不足道，却伴随着孩子的一生。一些不好的习惯，如做事情磨蹭拖拉、注意力不集中、不懂得自控、不讲卫生、没有礼貌、懒惰等，在孩子很小的时候父母就可以感觉出来。这时如果不想办法去改正，等孩子长大后，这些习惯就变成他的烙印甚至标志，他或者永远意识不到，或者为其所累，因为要改正一个长年的习惯是多么困难。

现在的大多数孩子，从出生起就受尽万般宠爱，父母尽其所能给他最好的东西。最好的东西是什么？不是金钱，不是荣耀，不是短暂的快乐，更不是高档玩具和名牌学校，而是良好的习惯。一个从小拥有良好习惯的孩子，在今后的人生道路上会懂得自我调整和控制，会懂得有条理地生活，会有效率地做事，也更容易取得成功。

自私过，才懂得分享

豆豆懂事后，我经常告诉他："好东西要跟小朋友一起分享。"谦让和礼貌是父母教给我的第一课，我将它们理解为分享，并且教给豆豆。我一直认为，分享就是把自己的好东西拿出来给别人。但是一位美国妈妈的话，让我改变了看法。

一位美国妈妈带着两岁的女儿在玩耍。一个小男孩跑过来，想玩小女孩心爱的玩具，小女孩不愿意，紧紧地把玩具抱在怀里。小女孩的妈妈对小男孩说："不好意思，她不同意。"奇怪的是，这位妈妈既没有解释，也不觉得尴尬，而是像只母鸡一样保护着女儿和她心爱的玩具。小男孩不放弃，想要去抢，男孩的妈妈赶紧拉住他，对他说："这是妹妹的东西，她有权自己做主，你必须得到她的同意！"

我问女孩的妈妈："如果你家妹妹以后不懂得分享怎么办？会不会变得很自私？"她笑着告诉我："我不担心。**对于两三岁的孩子来说，自私是一个再正常不过的现象，而且它是通往分享的必经之路。孩子只有自私过、占有过、专享过，做过真实的自己，才能把焦点从自我转移到他人。总是被家长要求分享的孩子，反而会对东西有强烈的占有欲，因为他们没有享**

受过占有的权利，所以要努力地弥补自己。分享应该是一种权利，应该让孩子自己做主。”

我想起自己在国内常常见到的一幕：如果孩子不愿意分享，父母立马会感到非常尴尬，像是自己的错。对方父母心里也会不痛快，会觉得这孩子怎么这么自私。于是，父母会强行从孩子的手中把东西夺走，递给另一个孩子。或许两个孩子最后玩着玩着熟悉了，会变成好朋友。但是，分享的种子却并没有在他们的心里种下来。记得我以前邻居家有个小孩，经常被父母强迫出借甚至送出自己心爱的东西。后来每次我们在他家门口打招呼的时候，他都会条件反射地飞快跑回房间，把所有玩具藏起来，再慢吞吞地回到门口，像防贼一样。家长强迫孩子分享，反而会让孩子拒绝分享，甚至拒绝正常的人际交往。

我没有强迫过豆豆去分享，但是也没有让豆豆自己决定是否分享。所以，豆豆的分享总是显得心不甘情不愿。豆豆在美国上幼儿园时，每周都有一次分享活动。老师要求每个孩子带一个玩具去幼儿园，大家一起玩。豆豆一开始非常纠结，不知道带哪个玩具好。喜欢的玩具舍不得带，不喜欢的又觉得不好玩。我试图说服他带上一件他喜欢的，因为这样的玩具一般其他男孩也会喜欢。他听完后，反而很快做了决定，拿了一件自己最不喜欢的玩具。他说：“这样就没人玩我的玩具了。”但是在分享活动中，他渐渐发现，一件不好玩的玩具，在一堆好玩的玩具当中，会让他多么失落。后来，他主动拿出自己最喜欢的玩具去跟朋友们分享。每一次展示好玩的玩具时，他都会感到无比的自信与骄傲。在听其他小朋友介绍玩具的各种玩法时，他也学到了很多知识。就这样，他一点点地体会到了分享的意义和乐趣，比我天天唠叨要有用得多。

四五岁的孩子，更容易接受交换式的分享。如果是孩子想要分享其他孩子的东西，那么他还要学会等待。有一次，我带豆豆在外面玩。这时来了一对父子，带了一个很好玩的机器人。马上有一堆孩子围了过去，一边赞叹这个机器人，一边异口同声地说：“请问，我可以玩一下吗？”得到同意后，仅仅过了半分钟，五六个孩子就自觉地排成一支长队，等待着轮流玩这个玩具。而玩具的小主人，则在一旁非常耐心地指导其他孩子该怎么玩。

这支不到半分钟就排成的长队震撼了我，也震撼了豆豆。从那以后，豆豆总是很礼貌地征求玩具主人的同意，然后自觉地站到等待的队伍中，与其他小朋友一起轮流玩。肯让别人先玩，肯耐心地等待，这是分享的更高境界。

扔掉华而不实的说教后，我开始将分享融入生活的每个细节中，让分享成为一件再寻常不过的事情。我常常主动在家里分东西，譬如水果、饼干等，然后请豆豆帮我把东西分给大家。每个人收到后，都会诚恳地对豆豆说一声“谢谢”。当他把其他人的东西分完，再去拿自己那一份时，就会格外的满足与开心，因为分享让他感到快乐加倍了。

我也常常在烤好一盘蛋糕、研究出一个新菜品或是买回好喝的咖啡时，请上三五个好友一起来家中分享。豆豆学着我的样子，有了新玩具或是好看的碟片，会马上打电话给他的好朋友，到家中一起度过一个愉快的下午。分享，让他成了一个很受欢迎的人。

让孩子学会分享并享受分享，其实是一件很容易的事情。为什么很多父母总觉得自己的孩子自私，不愿意分享？其实是因为你从来没有用正确的方法教会他如何分享，或者是连你自己都不懂得分享。不妨把分享的权利还给孩子，让他们自己做主。

对付拖拉孩子有绝招

豆豆曾有一段时期很拖拉。从刷牙到吃早餐，我喊了不下10次，他还懒洋洋地躺在沙发上，我的话一个字也没听进去。好不容易动身了，鞋子穿了一只，又突然被什么东西吸引了，马上忘记了他正在干的事情。慢吞吞，心不在焉，不搭理，油腔滑调，装可怜……我招数用尽，他就是不肯行动。

我终于要发作了，大声呵斥、威胁、数“一二三”、使用暴力，这几招我可以在一分钟内迅速完成。然而，这样的结果是，孩子哭着或敷衍着把事情做完，但第二天还是如此。我也天天带着烦躁的心情去上班。

到了办公室，事情很多，但我总要把杂七杂八的网页看个够才肯开始工作。有需要赶任务的，有deadline（最后期限）的，肯定会拖到最后一秒；没有deadline的，拖着拖着就直接dead（死）了。而在这之前的每一天，因为想着还有未完成的事情，肯定是心烦意乱的。

我突然觉得有点对不起孩子。拖拉，是我30年都没法克服的毛病，我自己都做不到的事情，为什么要那么苛刻地要求孩子做到呢？他那么小，根本就不能像大人一样明白孰轻孰重，也没法像大人一样可以集中精力做一件事，更不会懂得克制。

我开始换一种心情和策略去对待每天从早晨就开始的“战争”。

比赛。其实每个懒洋洋的小身体里，都藏着一颗好强的种子。他不想动，是因为斗志没有被激发出来。那就一起来比赛吧。看谁先把裤子穿好，看谁先刷完牙，看谁先把饭吃完……孩子也没想过要奖励，只要是第一个做到的，他就会很兴奋，也肯兴致勃勃地去做下一项。

这样的游戏天天在家里发生，慢慢地，好玩系数和普及系数越来越高。晚上睡觉了，孩子不肯上床，妈妈先躺到床上，爸爸说：“谁先到床上就可以抱着妈妈。”结果孩子一个箭步冲上来，紧紧地抱住了我，说：“妈妈是我的。”爸爸也过来抢：“妈妈是我的。”如此享受一番天伦之乐后，孩子也心满意足地进入了睡眠。

安排一个任务。我们家住二楼，每次出门，必定是豆豆先跑下去把一楼的铁门打开，等着我们下来。如果有人先下去了，豆豆还不干，轻则全部回去重新来过，重则大哭一场。这个习惯说起来还是从拖拉开始的。带孩子出趟门有时真是一件痛苦的事情，大人风风火火地准备出门的东西，只让孩子自己穿鞋、出门，可是他却要“不遗余力”地拖后腿。有什么办法能让他迅速地出门呢？我们给他布置了一个任务：楼下的铁门，爸爸妈妈忘记怎么打开了，你可以帮我们先去把门打开吗？听到爸爸妈妈不会做的事情自己竟然会做，豆豆马上雄赳赳、气昂昂地下楼了，而且很绅士地一直把门开着，等着我们下来。从此，出门难的问题再也不会发生，反而我们得急速地准备东西，免得豆豆在楼下等太久。

从兴趣出发。说起刷牙的游戏，我们家真是层出不穷。结束完“上刷刷，下刷刷，左刷刷，右刷刷”的歌谣后，吐水是一件更好玩的事。有段时间，豆豆对数字感兴趣，仅仅是简单的吐一口水就让他数一个数，就让他兴奋不已。后来，豆豆学词语，每吐一口水，我今天叫他说一个名词，明天叫他说一个动词，后天叫他说一个形容词，把原本枯燥的词语学习跟刷牙结合在一起就变得好玩起来。久而久之，刷牙就成了他一项固定的生活习惯，再也没有出现忘记刷牙或不爱刷牙的情况。

赞美。在和孩子的“斗智斗勇”中，我总结出一个经验，那就是面对拖拉的孩子，惩罚没有用，发脾气没有用，暴力更没有用，最好的办法就是给予孩子无数的鼓励和赞美。哪怕是在孩子实在很拖拉的时候，也找一个赞美他的理由：我觉得你精神很不错，是不是昨天睡得很好啊！孩子会马上从他的“游离”状态中走出来，开始听你的话。当孩子有了进步，一定不要错过鼓励和赞美他。被赞美后他会发现，自己原来做到了，我以后要做得更好。这就是赞美的力量。

家有拖拉的孩子并不可怕，只要用一颗宽容、忍耐、冷静的心去面对，抓住孩子的心理特点，多尝试一些孩子喜爱的方法，孩子就会更容易接受，而且还有可能生出无限的乐趣来。

把电脑游戏搬到现实世界来

豆豆 4 岁时迷上了电脑游戏，白天不爱出门，总是缠着我们让他多玩一会儿电脑，为此撒娇耍赖无所不用其极。我跟老公急了，长此以往，豆豆的视力和人际交往能力都会受到影响的。我给豆豆立下规矩：每天只能玩 20 分钟电脑，超过时间就拔电源。豆豆乖乖地答应了，但是这点时间对他来说显然是不够的。不能玩游戏时，他虽然不吵不闹，却萎靡不振、坐立不安，我感到既心疼又着急。

一天，豆豆在规定时间关掉电脑后，对着“植物大战僵尸”的闪卡发呆。我突然灵机一动：可以把电脑游戏搬到现实里来呀！如果豆豆玩得高兴，就不会那么依赖电脑了。我和豆豆一说，他的眼睛立刻就亮了，马上把全家人组织起来分配任务，连 2 岁的小福也有份，“爸爸你当豌豆射手，妈妈你当路障僵尸，我当小鬼僵尸，小福你当向日葵，要不停地生产阳光哦！”

豆豆扮起僵尸起来惟妙惟肖，他耷拉着脑袋，双臂下垂，身子直挺挺地慢慢向“向日葵”移动。一边走一边还叮嘱爸爸：“你忘了收集向日葵发出的阳光啦！没有阳光就不能种更多的植物！”爸爸连忙跑过去抱着小福

“收集阳光”，然后迅速把“豌豆”（柔软的小布球）往“僵尸”身上扔。需要“僵尸”吃“向日葵”时，豆豆就在小福的小脸蛋上啃一口，小哥儿俩抱在一起咯咯地笑。被“豌豆”打中后，豆豆会诚实地跪在地上，还逼真地发出死亡的呻吟。当然，死了之后还能复活，摇身一变成为另一种僵尸……

最好玩的是豆豆当植物，爸爸当僵尸，父子俩就跟变色龙似的，随时都可以“变身”。爸爸说：“撑杆僵尸来啦！”豆豆马上蹲下说：“我种一个坚果，把你挡住。”爸爸说：“气球僵尸来啦！”豆豆伸展手臂，十指张开说：“我是仙人掌，把你刺破！”老公抱着小福跑到豆豆面前：“小鬼僵尸来啦！”豆豆一边投掷“豌豆”一边说：“一个坚果加一个豌豆射手，把你灭掉！”他的反应之快，让我们瞠目结舌！

从那以后，每天一吃完晚饭，豆豆就跑到客厅的游戏场地大喊：“爸爸妈妈，过来玩游戏啦！”连 2 岁的小福也跟在我们后面随时待命，成为一个幸福的小龙套。

看见豆豆玩得这么开心，我和老公又开动脑筋，把他喜欢的其他电脑游戏都陆续改成了现实版。

《愤怒的小鸟》是我们全家最喜欢的一种游戏。游戏的规则很简单：两个人面对面站着，一人扮演小猪，一人手拿毛绒小鸟投掷，小猪可以移动。游戏难度逐渐增大　　负责投掷的人，第　关可以双脚站立，第二关只能单脚站立，第三关单脚站立并且退后一步……砸中了小猪就算过关。对于豆豆这样大的孩子来说，升级带给他的乐趣，有时更超过游戏本身。豆豆对于可以不停过关和加大难度感到非常兴奋。每次游戏的空隙，他都高兴地跑来跑去，围着我们转圈圈。游戏过程中，投掷的人要发出“啊、呀、嘿”的声音；小猪要做出“土崩瓦解”的样子，我们经常全家人抱在一起，笑得东倒西歪。

除了电脑游戏，豆豆喜欢的动画片也被我们搬到现实中来。豆豆有段时间非常迷恋动画片《熊出没》，“站住，别动”成了他的口头禅，连说话也有了东北口音，说“我”都用“俺”。有时我问他去哪里，他会顺口回答“伐木去”。让我们感到闹心的是，豆豆张口闭口都是“臭狗熊，我要毙了你”。我和老公决定和他一起玩游戏，来分散他对动画片的关注度。在游戏里，我们加入了很多智力闯关的元素：光头强要连闯 4 关，才能到达熊大和熊二所在的森林；光头强去寻找一棵特殊的树，中间要找到 4 个标志；光头强和熊大、熊二交锋时，要各自出 4 个题目，谁答对得多谁就赢……这些问题包括数学、英语、地理、自然等各方面的知识，譬如“地球的两极是什么”“七星瓢虫是益虫还是害虫”等，原本枯燥的知识因为游戏而变得妙趣横生。

很快，豆豆就对动画片《熊出没》失去了兴趣，每天都摩拳擦掌地要求答题，还绞尽脑汁出题给我们做，来证明自己很厉害。玩着玩着，他的口头禅没了，也不再天天守着电视看动画片了。

其实，孩子之所以对电脑、电视上瘾，是因为他们没有发现更好玩的东西。与其硬性地禁止孩子玩电脑、iPad 或者看电视，不如把他们感兴趣的东西都改成亲子游戏。这样既好玩，又能减轻孩子对电子产品的依赖，还能促进亲子感情，开发孩子的潜能，一举多得，还有比这更好的事吗？

游戏中的数学启蒙

我觉得，让孩子爱上数学不是一件难事。我为5岁的豆豆展示了一个神奇的数学世界，他因此感受到了数学的魅力，并为之着迷。

豆豆的数学启蒙之路其实进行得非常慢。在教他认数之前，我和他玩了很长一段时间感知数量的游戏，让他明白什么是“多”，什么是“少”。我把积木分成一块和一堆。告诉他，这是一块积木，那是许多积木。然后，我再把积木分成3个一堆和8个一堆，指着3个一堆的告诉豆豆这是“少”，指着8个一堆的积木告诉他那是“多”。我不断地变换积木的数量，带着豆豆在两堆积木之间跳来跳去。在好玩的游戏中，豆豆的头脑里对数量概念有了具体的认知。带他出去买菜时，1岁多的豆豆看着购物车里的东西，会冷不丁地说：“妈妈，你今天买的菜没有上次那么多啊！”

简单的数字，在大人眼里看来理所当然，小孩子理解起来却非常困难。比如对于数字“1”，在小孩的眼里，1或许只等于1个苹果，却不等于1个梨子，因为妈妈教他认识“1”时只是指着一个苹果说：“这是1。”要经过1个苹果、1个梨子、1块饼干、1粒糖果等很多经验的积累，孩子才真正明白：啊，原来“1”就是“一个”。在认识数字的过程中，我和豆豆玩了很多类似的游戏。等他有了数字的概念后，我开始教他认数。最初是从一套洗澡的数字玩具开始的，硬泡沫的数字玩具一沾水就可以贴在墙壁上，洗澡的同时，随口教他认几个数。几天下来，豆豆就能按照顺序把这些数字整齐地排列出来。之所以能认得这么快，与之前数量概念的积累是分不开的。

让豆豆感受到数字千变万化的美好时刻，是全家人一起玩扑克牌。从最开始的乱出牌，到看到相同的牌就收走的“老鼠搬家”，再到后来的“数字速算”——用手里的牌通过加减乘除得到桌面上牌的数字，难度一步步增加。豆豆为自己的每一次成功而欢呼。学会新游戏，听懂一个新规则并去驾驭它，是豆豆从 3 岁到 5 岁最感兴趣和最有成就感的事。我没有特意教过他加减乘除的法则，但是通过扑克牌游戏，豆豆“玩”会了数学运算，而且非常熟练。

有一段时间我减肥，每天要称几次体重。豆豆主动请缨帮我记录，然后计算早晚数字的差别，总结一周的体重情况。这还不过瘾，豆豆又把家里所有人的体重加了一遍，看看我们总共有多重；加完人，又把屋子里玩具、家具等物品都加上，最后竟然算到了 1 万多斤。小家伙的亢奋程度和成就感随着这些数字的增大也一路飙升。

豆豆最喜欢的是砸数字游戏。在地上铺一张写有很多数字的纸，每砸中一个，就把这个数字和之前的数字加起来，然后会得到一个越来越大的总数。之前我不明白，为什么简单的加法能让豆豆乐此不疲地玩呢？豆豆对下一个数字的紧张和期待让我明白，这些数字是充满未知和期待的，是跳跃的，是千变万化的。在神奇的数学世界里，这就是数字最原始的魅力。

数学的魅力，在于它不仅有神奇的数字和运算，还拥有庞大的形状王国。一开始，我并没有把数学里的形状名称教给豆豆，因为我担心名称会束缚他的思维。我让豆豆自己在生活中寻找相同形状的东西。夏天的夜晚，我和豆豆一起躺在床上，透过窗户看屋顶和月亮。我问他："你觉得屋顶像什么？"豆豆回答："就像我的蜡笔头。""那你觉得月亮像什么？"他说："像我把皮球踢到了天上。""烟囱呢？"他说："就像是我的玩具火车头。"过了很长一段时间后，我才慢慢告诉他，像屋顶、蜡笔头的形状叫三角形，像月亮、皮球的形状叫圆形，像桌面、方盒的形状叫长方形……认识了形状后，我们常常在家里用各种形状的积木玩不同的游戏。用几个小方形做成手臂和腿，再加上椭圆形的肚子、圆形的脑袋，就是一个可爱的小木偶。我们再把积木拼成不同的形状，感受形状的千变万化。慢慢地，豆豆对形状有了很敏感的感知力。他甚至可以在一个大三角形中，画出 88 个小三角形。

很多孩子接触数学时，都是从枯燥的认数和算术开始的，没有体会到其中的乐趣，所以他们才对数学望而生畏。而在豆豆的头脑中，有一个神奇的数字世界：里面的数字，都是可以使唤的；里面的形状，都是一个个调皮的精灵。只有体会过数学无穷魅力的孩子，才能感受到数学的神奇力量，才能真正地爱上数学。

阅读广泛的孩子学习能力强

豆豆4岁开始认字，5岁开始自主阅读，6岁的时候已经开始阅读长篇小说。不到一年的时间，他就读完了几十本书。他阅读范围广，速度快，读书专注，而且是发自内心真正地喜欢阅读，这是他长期坚持阅读的结果。我想，这个好习惯会让豆豆享用一生。

关于阅读，我有几个心得。

1. 多大开始阅读都不晚，孩子不喜欢也别勉强。

豆豆几个月时，我就开始给他看书了。我让他坐在我腿上，为他翻看一本一本颜色鲜艳的书，这些书只是简单的一张张图片，有动物、汽车、花草。我告诉他，这是老虎，这是大象，这是拖拉机，这是摩托车……他聚精会神地盯着书，眼睛跟着我手指的方向移动，我知道，他是感兴趣的。每次看书的时间并不是很久，也并不一定要教会他什么，这只是我们的一个休闲时刻。这个习惯一直保持到今天，我们每天雷打不动地坐在一起看上几本书。

并不是所有的孩子都愿意静静地坐下来看书。有的小婴儿，拿到书后先啃一啃，然后撕一撕，最后丢到一边看都不看一眼。在很多孩子的眼里，书只是他的一个玩具，想怎么玩就怎么玩，不想玩了就丢掉玩其他的，这是多么正常的事情。可是在一些父母眼里，书不是玩具，书是用来读的，给你买了，你就要好好地读；教给你了，你就要好好地学。其实，无论是孩子还是大人，当他的一项爱好变成了工作，他就会立马失去大部分兴趣。所以，让孩子爱上书的第一步，是让他自己去决定要不要看书以及看什么书。

2. 选书很重要——从孩子的水平和爱好出发。

豆豆在 1 岁半左右，能认识书上的 1000 多种物品，并把它们说出来。同时他能说出很长的句子，开始对小故事感兴趣，我开始为他选择一些简单的故事书。这些书的特点是一张图片配一句话，非常直观和简单。比如，我们很熟悉的《三只小猪》的故事，封面是一只小猪在骑单车。去干吗？第二页是这只小猪去超市买苹果。第三页是这只小猪在家看电视。第四页是这只小猪在吃牛排。第五页是这只小猪回家了。第六页是其他的小猪都在家门口等他。非常简单的故事，配上图片，孩子很容易理解，看起来也很投入。还有三只蜘蛛的故事：蜘蛛爬上水管，被水冲下来了；太阳出来了，它又爬上水管。这些在我们大人看来没什么故事情节的故事，偏偏是这个年龄的孩子最感兴趣的。

如果一幅图需要用几句话来说明，对 1 岁半左右的孩子来说就难了一点，那么孩子在看的过程中就会失去乐趣。豆豆在 2 岁左右开始看一些难一点和长一点的故事。2 岁半左右，他已经看过一些有心理和心情描写的书，比如青蛙弗洛格系列中的《找到一个好朋友》，2 岁多的孩子开始明白“找到朋友的高兴”和“离别的伤心”。

父母在决定给孩子读书或买书前，先要弄清以下几个问题。

第一，孩子的阅读水平处于哪个阶段？是处于看图阶段，一句话一张图片的故事阶段，还是一张图需用几句话来描述的阶段？或是需要孩子去思考、感悟才能读懂的阶段？

第二，孩子对哪些方面的题材感兴趣？豆豆看图阶段最爱动物，尤其是鱼。所以，我专门给他买了有各种鱼图片的书。在最简单的故事书阶段，他喜欢各种车，我就给他看《Bob the Builder Manual》的第一阶段和《托马斯小火车》的第一阶段。

第三，书的故事够不够吸引孩子？孩子可以从故事本身去获得乐趣。比如，一本书是讲情人节送礼物的事，虽然故事很简单，但孩子并不一定喜欢，他会更喜欢看一匹马跑出动物园的故事。

所以，让孩子爱上读书的第二步，就是父母先下足一定的功夫，选择适合他们的书。

3. 看书的目的——让孩子养成看书习惯比让他学到东西更重要。

豆豆看了多年书，我一直没要求他能从书上学到东西。每次我们看书的方式都是泛泛而读，很快看完一本再看另外一本。但是我们有个习惯，看完书后，睡觉前躺在床上或第二天散步的时候，我们会一起回忆那个故事。比如，一本书上写的是一条鱼因为吃了太多鱼食，变得越来越大，从小鱼缸来到大鱼缸，到浴缸，再到游泳池，最后连游泳池也装不下了。过后，我会问他“鱼为什么会越来越大”“最后鱼有没有变小”等很简单的问题。这样，书上的内容就成了我们可以互相谈论的故事，我们会从中得到更多的乐趣。如果孩子回答不上来也没关系，这也并不是让孩子看书的目的所在。如果孩子能快快乐乐地看书，能在看书的过程中不断获得乐趣，养成喜欢看书的习惯，这比学到知识更为重要。因为阅读本身对人的影响是潜移默化的，就像我们从小到大看过很多书，看完的时候并不知道有什么效果，但是经过岁月的沉淀，越来越多的积累会越让我们受益终生。

一天，和朋友一家出去玩，走到半路，朋友的孩子突然说："我不去了。"朋友问："为什么不去啊？海洋世界多好玩！"孩子回答："等回家又要写游记！"**如果出去旅游要写游记，看一本书要写读后感，那么这样的活动在孩子眼里就失去了意义，反而变成他的心理负担，他怎么会喜欢得起来？没有乐趣的阅读，其实是对孩子的摧残。**

所以，让孩子爱上看书的第三步是让孩子快乐地读书，养成良好的阅读习惯。

对孩子影响最深的，其实是每天睡觉前为他读故事的那个人。每天抽出半小时，和孩子一起读书，既可以享受愉快的亲子时光，又能让孩子慢慢地爱上读书，所有的父母都一起来坚持这项有意义的活动吧！

培养孩子的自信心，从细节做起

一个拥有知识的人，不一定能走很远，而一个拥有自信的人，必定能走遍天涯海角，因为他相信，他能，所以会一往直前。美国哲学家爱默生也说过，自信是成功的第一秘诀。自信的孩子，内心会有强大的力量，促使自己不断进取。我们在自己的人生道路上，一定碰到过很多因为不够自信而丧失机会的事情，所以，如何从小培养孩子的自信心，比起让孩子学知识更为重要。

我自己是一个不够自信的人，在很多重要的事情面前经常想打退堂鼓，害怕被人笑话，这一点在我读中学时候表现得尤为厉害。一次，我看了一个笑话，好像是关于南极洲上一只企鹅的事情。过后我就想，我也不过是南极洲万千企鹅中的一只而已，谁会注意我那么多啊，别以为自己就是焦点。然后，我的胆子就突然大了很多。后来，随着阅历的增多，我已经不怎么在意别人的看法，却很在意自己内心的感受，经常觉得自己也许没法完成。这个时候，老公总在一旁鼓励我，他说得最多的一句话就是："你那么聪明，如果你都做不到，那别人就更……"虽然这句话多多少少有吹捧的成分，但确实给了我很大的勇气。在一次一次的鼓励与成功中，我的自信心慢慢地建立起来。

豆豆 1 岁左右时，我发现他是一个生性不够大方、自信的孩子，内心比较细腻和敏感，害怕失败。很长一段时间，他玩积木都不自己动手，而是指挥爸爸妈妈堆积木，因为他害怕倒塌。他去公园玩，要盯着别人玩上一阵子，知道了怎样玩之后，他才肯走过去；他也害怕和人打招呼，会羞涩地躲到我身后……为了增强他的自信，我有意识地做了一些事情。

对孩子来说，最重要的是父母榜样的力量。在豆豆面前，我不会做一个碰到难题就垂头丧气的人。孩子会很细心地注视和模仿着生活中父母的行为，生活中碰到难题时，我们不在他面前抱怨，而是互相鼓励，坚信我们一定能行。有段时间我们经常去爬屋后的小山坡。爬到一半时，我都会停下来歇一会儿，豆豆会问：“妈妈，你怎么了？”我回答：“我有点累，但是我一定能爬上去。”其他事情也一样，我会用自身的行动来鼓励他。

我对孩子不会有太多的要求。他不动手堆积木，我也不去逼他，更不会说他笨，而是耐心地搭给他看，适当的时候，鼓励他也搭上一两块。我觉得一天能有一点点进步，就很不错。每个孩子都有自己的强项和弱项，父母不拿他和别的孩子横向比较，只看到自己孩子的进步，而且不忘鼓励他，那么对他来说，尽管做事情不熟练，但是他仍然处在一个轻松与愉快的环境里，只要兴趣没有丧失，自信心仍然在，他就一定能慢慢跟上。

我相信孩子，让他大胆去尝试，鼓励并帮助他，让事情变得更加简单和轻松，可以在他能做到的范围内，这样一来他的乐趣多了，信心自然也就来了。事后，我一定会给予他赞赏。我的赞赏不是很频繁，但是我会很详细地将他的成果描述一遍，让他在我的描述中发现自己真的很厉害。

生活中的很多细节，都是培养孩子自信心的好机会。很多事情，通过孩子亲自参与，能很好地增强他们的独立性和社交能力。以下就是一些能够增强孩子自信心的小活动。

穿衣服：早晨可以给他几套衣服，让他自己来挑选穿哪一套。

吃饭：说出几样菜，让他自己选择。

开门或关门：每天出门和回家时，都由他来开门和关门。

敲门或按门铃：去别人家玩时，让他来敲门或按门铃。

带路：出门的时候，让孩子走在前面带路。

开包装：吃东西前，可以让他来打开一些简单的包装。

分食物：吃东西的时候，可以让他来给大家分发食物。

逛超市：让他帮忙拿一两样东西，对于大一点的宝宝，妈妈购物时，可以让他帮忙撑开塑料袋。

提东西：给他一个很轻的袋子让他提。上幼儿园后，让孩子自己提他的餐包或书包（在提得动的情况下）。

接电话：家里有电话来，先让他接。

付款：购物付款时，让他把钱或信用卡交给收银员。去动物园或一些收票的地方，让他拿着票。

点菜：在餐厅吃饭的时候，让他点一两样菜。

问候：鼓励他跟陌生人（安全的陌生人）打招呼，比如在公园玩时，可以让他去问问旁边阿姨知不知道时间，然后跟她说“谢谢，再见”。

汇报：每天都花一点时间倾听，让孩子讲一讲他今天的故事以及他的观点和想法。

总之，一些举手之劳的事情，都可以交给他。

自信心，就是在一次又一次的被相信、被肯定和成功做到中慢慢建立起来的。豆豆 3 岁多的时候，与 2 岁时相比，在这方面像是变了一个人，他可以大胆地跟人打招呼，在人群中闻歌起舞毫不羞涩；在游戏中面对暂时的失败，能很沉稳地一次一次再来。有时，我走过去问：“要不要帮忙？”他会大声地说：“不要，我自己能做好。”他未来的人生还有很长的路，我会继续努力，维护和增强他的自信。当然，我永远不会停歇，永远给予孩子足够的爱，因为爱是培养孩子自信心的最佳良药。心理学大师弗洛伊德指出，受到母亲无限宠爱的人，一辈子都保持着征服者的感情，也就是保持着对成功的信心，在现实中也更容易取得成功！

别把孩子丢给电子教学产品

朋友乐妈和她的孩子乐乐都是巧虎的忠实拥护者，订阅巧虎长达 3 年半的时间。乐妈说，订阅巧虎之前，她也犹豫了很长一段时间。一来费用不菲，一年要 1000 多元钱；二来，她担心电视会影响孩子的视力。为此，她去各种群和论坛咨询用过巧虎的家长们，得到的反馈大都是：孩子喜欢得不得了，真的能学到不少东西，而且比起动辄上万的早教机构，1000 多元也不贵。于是她就下定了决心。

乐乐今年 6 岁，和豆豆同岁。第一次见到她时，我一度对自己的教育方法感到很怀疑。

乐乐一见面就很有礼貌地和我们打招呼。走路的时候，她很规矩地拉着她妈妈的手，不紧不慢地跟着。逛商场的时候，她主动跟妈妈说：“家里玩具很多了，不能随便张口要玩具。”吃饭时，她也是规规矩矩地坐着，大口大口地吃，不说话。而豆豆，尽管已经算是很有规矩的孩子，但他走路的时候，一到地面比较滑的地方，就要半蹲下来，让我拉着他滑着走；看到好玩的也要停下来看个究竟。吃饭的时候，他总是有这样那样的意外，比如动来动去不小心打翻杯子；碰到喜欢吃的菜，他就大声仰着脖子来一句："真美味呀！"虽然天真可爱，却总是没法让我完全省心。

乐乐像是一个完全不用妈妈操心的孩子，无论在哪种场合，她都知道该怎样做。她顺从懂事，不挑战权威，仿佛永远不会出错。我问乐妈："你是如何做到的？"乐妈一下子打开了话匣子，很兴奋地说："你一定要买巧虎，太管用了。你知道吗？以前，我对乐乐的吃饭、睡觉、立规矩等问题真的是一筹莫展，但是自从她看了巧虎，很多问题都自动解决了。巧虎的每一集都有一个主题，会反复教导孩子如何做，加上它还有一些很好玩的游戏、儿歌、玩具，乐乐很快就成了巧虎的粉丝，只要是巧虎说的，她都照做……每次她看巧虎的时光，就是我最轻松的时候，我可以随意做自己的事情。"

我问："有不照做的时候吗？"乐妈回答："也有，但是我一说'那明天就不给你看巧虎了啊！'她马上就听话了，每天看两集巧虎是她雷打不动的习惯，她每次都看得喜笑颜开，高兴的时候还会跟着手舞足蹈。"

听了乐妈的话，尽管觉得有点不对劲，但我也动心了。如果真能有一个早教产品，不但孩子喜欢，而且真的能起到教育孩子的作用，那岂不是可以为家长减轻不少负担吗？我抱着试一试的态度订阅了3个月的巧虎。

豆豆也对这个老虎造型的小男孩很感兴趣，他最爱的是跟着巧虎一起唱歌跳舞，兴奋的时候还跑到电视机跟前去。他很快迷上了巧虎，跟乐乐一样，每天一到家就要求看。巧虎有一集是讲有个小朋友不爱吃饭，于是饭饭先生带着一帮蔬菜走掉了。后来，我碰到他不吃饭的问题，也教育他："你如果不吃饭，饭饭先生就会走掉哦。"他想了一下，马上大口大口地吃起来，并且学着电视里的语气说："我要做爱吃饭的好孩子。"还有一集是教小孩子不要随便横穿马路，里面的儿歌豆豆一字不落地记下来，每次走到马路边上，就会一边念着儿歌，一边小心看着车全过了，等绿灯亮起来才过马路。

那时，我有一种突然而来的轻松感，比起之前的苦口婆心、不厌其烦，巧虎就像是帮我走了捷径，我开始打算订下一季的巧虎了。

但后来跟乐乐一家的出行经历，让我改变了想法。我突然发现，两个孩子有惊人的相似：走路都规规矩矩；吃饭时不说话，大口大口地吃；过马路时，会很自觉地拉紧大人的手站在一旁等着……这一幕，让我的脑海里出现了流水线操作的场景，两个孩子就像流水线上等待加工的产品，出来后会一模一样。我突然很怀念豆豆那些调皮的小动作，这才是孩子真正的样子啊！

我再看乐乐，几年的巧虎学习让她身上缺少了一种叫“生机”的东西。她明明是第一次坐缆车，可是她不兴奋，也不敢站起来看，因为巧虎教过她这样很危险。她喜欢让大人给她出题，哪怕是站在风光无限好的顶峰，她也在问：“如果这座山高 3000 米，我的速度是每小时 1000 米，那我要爬几个小时？”我对上幼儿园的孩子会做除法感到很吃惊，但是却高兴不起来。豆豆那时正对着山的对面兴奋地大声喊叫，而这个同龄的孩子却对这么美的风光视而不见。

是巧虎让她生活在条条框框里，让她失去了一个孩子应该有的调皮与朝气。回家后，我跟着豆豆仔细地看了几集巧虎后发现，巧虎在教导孩子的时候，确实是采取重复的办法。比如，教导孩子不要乱跑，不仅有儿歌反复唱，还会播放巧虎乱跑引出的各种事件，相配套的书和材料也是同样的内容，有点像“洗脑”。这样让孩子模仿学习的教法，确实会起到立竿见影的效果，但长期下去，却会让孩子失去独立思考和独立解决问题的能力。

我开始减少豆豆看巧虎的次数，每次到了看巧虎的时间，我会先带他去外面玩一阵子再回家。与此相结合的是，我更注重在生活体验中让豆豆去学会思考和解决问题，培养他阅读的兴趣，把看电视的时间转移到书本上。

豆豆不看巧虎后，巧虎的话对他就没什么用了。我去问乐妈，她说也有这个问题，曾经因为回老家待过一个月，不方便看巧虎，乐乐就有点回到自由散漫的状态，所以坚持给她订了3年半。巧虎的内容分年龄段，适合从7月龄直到七八岁的孩子。乐妈说，坚持这么多年，一定会有效果。

我给豆豆找了很多相关的绘本，其中有一本也是教孩子好好吃饭的。说的是每个人肚子里都有一个火车站，里面有很多小精灵在工作，它们把食物运送到胃、大肠、小肠，再拉到马桶里，让孩子一下子明白了食物的消化过程。每次豆豆不好好吃饭的时候，我一说起这个故事，他就明白了，如果饿肚子，小精灵就没有工作，它们一睡觉就会打呼噜，就是肚子发出的“咕噜咕噜”声。如果冰激凌吃太多，火车轨道就会被冻住，没法往前开。如果食物不好好咀嚼，大块的食物就会砸伤小精灵……这样的教导，比起巧虎里面的“饭饭先生会跑掉”，不知道要丰富多少倍，它真正能引导孩子去思考，并且让孩子印象深刻。而且，长时间看电视，不仅会影响孩子的视力，不断变化的画面还会让孩子的专注力降低。

通过巧虎这件事我发现，为人父母没有捷径可走。把孩子的教育问题交给一个早教产品，显然是不负责任的。巧虎在某些方面确实做得很不错，比如，内容全面，年龄分段精确，结合了儿歌、舞蹈等有趣元素，有书和玩具等配套产品，还和亲子乐园合作，寓教于乐。但是，其缺点也是显而易见的。它统一的教育模式容易培养缺少个性的孩子；它模仿式的学习方式，忽略了孩子解决问题的能力；另外，由于孩子是通过看电视来学习的，所以就无法进行互动式学习，影响孩子与他人交流的能力。

后来，我在每次给孩子看书或DVD前，一定会自己先看一遍，或是陪孩子一起看。**在孩子的教育过程中，我不会依赖某种单一方式，而是各种渠道和产品相结合。这样，孩子才会有广阔的视野和无限的创意，以及属于他们那个年龄段的童真。**

让孩子当老师

豆豆每次上完英语课回来，都会给我带来一堆作业：按照老师的提纲帮他复习一遍。老实说，久而久之，这项工作成了我的一项负担。我总想尽我所能地让豆豆学到最多的东西，可是他的表现，要么是吊儿郎当，要么是一知半解，收效甚微。一天，我刚见完一个客户，非常疲惫，躺在沙发上不想动，就对他说："妈妈今天太累了，要不，你来给妈妈讲讲吧。"

他一开始并不自信，不知道说什么好。在我的鼓励下，他越来越兴奋，热情高涨地给我讲解起来。怕我听不懂，他会在某一个地方重复几次，他告诉我："我当时就是错了几次，老师帮我纠正过来的。"讲着讲着，他还会很惊喜地有所发现，很兴奋地说："哦，原来还可以这样！"更重要的是，一旦发现了问题，他马上就放下老师的角色，来问我。

整堂课下来，我配合他的所有提问。有时，我还会装作听不懂来引导他做更多的思考，最后我很夸张地表扬他："哦，原来是这样，如果不是你，我还真没想到！"他的自信心和骄傲感迅速爆棚。这样所达到的效果，也比我讲他听要好很多。后来，他一上完英语课回来，就拉着我说："妈妈过来，我来给你讲课。"他学习的主动性完全被调动起来，这样的好处是，他能自发、开心地去做一件事情，能发现更多的乐趣，从而把热情与兴趣保持下来。

尝到了甜头后，我们干脆把当老师的游戏在家里全面实施开来。这样做不仅能让孩子很好地巩固和学习新的知识，而且还是个很好的亲子活动方式。当老师那一刻，孩子必然是快乐的，他的全身似乎都在分泌着快乐的因子，感染着大家；而我们也是快乐的，那一刻我们没有任务在身的压力，也没有看不到效果的焦虑，心里感到满满的欣喜与宽慰。

我们睡前有看书、讲故事的习惯。积累了这么多年，我一心想让豆豆自己把故事讲出来，可是他总以“不会”拒绝。自从当上了小老师，他就不再感觉讲故事是爸爸妈妈布置的一项任务，而是一个好玩的游戏。他把我们当学生，把他的所知所想讲出来。经过多年阅读的积累，他的脑子里有了很多素材，而让他自己像老师一样讲课，就需要他把这些素材重新组织一遍，这样他的创造力和想象力自然而然就得到了很好的发挥。

一天，一个朋友跟我抱怨，孩子上四年级了，到现在还是家长不催就不写作业，不陪着就写不好，问我这个在海外待了多年的儿童教育工作者有没有什么办法。我以前也给过很多人这个问题的答案，但是这次，我的回答却多了一项内容，那就是放权让孩子当老师，家长当学生。因为孩子已经养成了这样的依赖：我不写作业会有人催我写，我写不好会有人帮我检查。失去了主动性的学习，就是一项没有任何乐趣可言的工作，孩子怎么提得起兴趣呢？我让朋友一方面将管理作业的任务还给孩子，一方面让孩子以当老师的方式来复习功课。慢慢地，孩子既有了主动学习的能力，又会把学习当成一件好玩的事，产生源源不断的兴趣，形成一个良性循环。

两个月后，朋友给我打来电话，她第一句话就是：“不用管孩子写作业，真是太轻松了，我每天能多出好几个小时的时间！但是让我最有感触的是，孩子特别喜欢当老师这个游戏，他说：‘只有这个时候，我和爸爸妈妈的地位是相反的，平时都是他们说我来听，特别没意思。’”何尝不是这样呢？让孩子当老师，不仅能让他主动去学习，更重要的是可以让他肯定自己的能力，发现自己的价值，让他觉得自己受到尊重与欣赏。

有一项研究调查表明，孩子通过听别人讲授的方式可以学到 5%，通过阅读的方式可以学到 10%，通过视听结合的方式可以学到 20%，但是，他们通过教授别人的方式学到的东西多达 90%！可是长期以来，很多父母一味地把自己当成高高在上的角色，去命令、教导孩子，帮孩子做决定，包揽属于孩子的任务，扼杀孩子的主动性与独立思考的能力。其实在生活中，有很多地方都可以让孩子去充当老师的角色，让他们在独立判断、决策与思考的过程中获得知识与经验。比如，去超市买东西，出去旅游，给长辈送礼物等，都可以先听听孩子的想法。

以不教的方式来达到教的目的，这是我们在教育孩子的路上永远值得遵循的方式。

培养有自制力的孩子

朋友兴冲冲地跟我汇报最近的育儿成果。她的儿子今年8岁，热衷于电脑游戏，但是她制订了一系列规则，并恐吓他："如果你独自在家自己开了电脑，我是知道的，那你就要受到很严厉的处罚。"她说，最近孩子真的不敢开电脑了，看来还是要对他严格一点。

我听了这话却高兴不起来。我们常常认为，培养一个有自制力的孩子，第一秘诀就是制订规则，让规则去约束孩子的行为。确实如此，制订规则，按照规则行事，会减少孩子的很多欲求。但是，很多家庭制订规则时，一是没有得到孩子的认可与同意，二是这些规则没有建立在自由的基础之上。

和大多数中国父母一样，朋友对孩子的管束，一直是通过"他律"来实现的，就是不停地盯着孩子，时时约束，处处管制，企图将他不好的行为扼杀在萌芽阶段。但到头来很多事情都只是治标不治本，因为"病根"在孩子心里，并没有连根拔除。

首先，孩子和电脑只是被强行隔离，他对电脑的痴迷并没有减少，相反会因为禁止而更加向往电脑。他的内心会经历更加强烈的斗争，最终的结果只有两个：一是他会更加想方设法地去玩电脑，不惜用上见缝插针、撒谎欺骗、游击战等各种方法，甚至干脆自暴自弃，先玩个痛快，大不了到时再让父母打个痛快；二是他最终克制住了自己的举动，但是在做其他事情的时候却无法集中精力。

就像我们小时候，家里开着电视，父母要我们在隔壁房间写作业，他们自己则坐在电视前机看得不亦乐乎。我至今都记得那时内心猫抓似的感觉，不停地去客厅倒水，就为了能多看上几眼电视；睡前，端盆洗脚水，坐在电视前，洗上十几分钟，直到被赶走。

不是我们没有自制力，实在是电视对我们的诱惑太大了，而且越看不到，就越想看，每天都有很多时间和心思花在不停地纠结和想方设法中。我想，如果父母能让我痛痛快快地看上一个晚上，说不定我的热情反而更容易降温。

所以，当我自己有了孩子后，我觉得与其用规则去约束孩子，不如先承认他们内心的感受，满足他们内心的需要，给他们一个自由自在的空间，再和他们一起制订规则，让他们自己去接受、认可，并从心里愿意去执行这些规则。

蒙台梭利说过，纪律必须建立在自由的基础上，一个有机会自由发展的儿童是很守规矩的，在自由和尊重中成长的孩子，会有令人惊奇的自律行为。

一次聚会上，一位奶奶给了豆豆一包糖。豆豆主动告诉我，他要吃完饭后再吃，我同意了。饭后，我觉得糖有点多，就跟他说："你留两颗给我吧。"他说"好"，然后拿着糖和其他小朋友一起边吃边玩去了。过了一会儿，我看着他走到我身边来，把剩下的糖给我，里面不多不少，正好两颗。

在豆豆吃糖这个问题上，我从来没有说过“糖不好吃”“不能吃”这样的话，而是你一颗我一颗，很愉快地跟他一起分享吃糖的快乐感觉。他吃起糖来，好像每个细胞都笑得开了花。每次看他吃糖，我都觉得这个世界上没有一种笑容可以如此满足和发自内心。糖对他来说，并不是多稀奇的东西。家里的零食都放在他可以拿到的地方，每次打开一样零食，我都告诉他今天可以吃多少，然后由他自己放好。我告诉他：“吃之前你要先征得妈妈的同意。”有些东西，比如小熊维生素，我干脆就告诉他：“你自己要记得每天吃两颗。”他最喜欢的事情，就是跑到我面前问我：“妈妈，我今天可以吃两颗糖吗？”我说：“当然可以。”他有时几天都想不起要吃糖，有时一天会问我两次，我就告诉他：“你已经吃过两颗了，明天可以再吃。”

可见，给了他足够的自由与尊重之后，遵守规则对他来说就是很顺理成章的事情。

豆豆看碟的时间也是由他自己决定的。我们教他自己开机，自己放碟片，和他一起看，我们一起谈论剧情，一起笑，一起害怕，一起虚张声势……很多时候，是我们邀请他坐下来一起吃吃东西、看看碟，而不会等到只有他提出请求才可以看，那样无形中便会增加孩子对看碟的迷恋程度。其他很多事情也是如此，父母越是将它们藏着掖着，就越容易引发孩子的兴趣。尤其重要的是，如果不想让孩子对某项东西上瘾或在某样东西上失去自制力，那么父母永远也不要把这样东西当成惩罚或奖励。

豆豆独自看碟的时候，我会跟他说可以看多久或者几个小故事，然后自己把电视关了，过来找妈妈。刚开始的时候，我会提醒他大概还有多久，或者跟他说这是最后一个故事了。等快结束的时候，就把遥控器递给他。慢慢地，他就不需要我提醒了，到点就自己关了电视离开。

父母很多时候都比较强势。比如，吃饭的时候，要求孩子必须马上停止手中的活动，过来吃饭。没有给他们一点缓冲的时间，如果多给他们5分钟或提前提醒他，他们就会比较容易接受。如果这样孩子还是不肯过来，可能大多数父母就开始发脾气了。这个时候，我一般都会鼓励孩子，告诉他："现在是吃饭的时间了，我们等你自己过来，你会自己过来的，对吗？"豆豆会想一想，然后停下手中的游戏，自己过来，开始洗手吃饭。

尊重与自由给了孩子平和的内心，这样的孩子比较容易控制自己的情绪和行为，既善于勇敢地去执行采取的决定，又善于抑制那些不合理的愿望、情绪与行为。

当然，有了尊重与自由的基础，良好的自制力还需要不断地培养和锻炼。自制力低下是从小逐步养成的习惯，越是娇生惯养的孩子，长大后自制力越低。可以让孩子坚持一两项体育运动，通过反复训练和不停坚持，来培养他们的自制力。在孩子玩游戏遇到困难的时候，鼓励并帮助他完成，而不是轻易放弃。给孩子多一些独处的时间，不轻易去打断他，不要在孩子看书、玩耍的时候去嘘寒问暖。很多时候，孩子的自制力就是在自然生动的活动和游戏中培养起来的。

规矩的背后是自由

Chapter

06

在体验中学会环保

豆豆在美国上幼儿园时，环保课程占了很大比例，几乎每个月都有与环保相关的主题课。

我至今对他们“不能乱扔垃圾”的主题活动记忆犹新。之前在环保这方面，我只会对孩子说教，想不出其他更好的办法。但是，美国的幼儿园老师却带着小朋友们来到一个小山坡上，一起“种”上塑料袋、玻璃瓶、香蕉皮和纸。然后对孩子们说：“一个月后，我们再来观察它们有什么变化！”到了约定的时间，老师又带他们到小山坡探险，把东西挖出来。然后孩子们发现，香蕉皮腐烂了，纸变成了碎片，而玻璃和塑料跟埋进去时一模一样。这时，老师问小朋友们看到了什么。小朋友们争先恐后地发言：“地球可以比较快地消化香蕉皮；也可以消化纸张，但速度慢，需要的过程长；地球不能消化玻璃和塑料。所以，我们不能乱扔垃圾，垃圾要分类……”就这样一项简单而有趣的活动，就轻松地让“不能乱扔垃圾”的理念在小朋友心里扎下了根。因为这个结论是孩子们自己发现的，所以他们会记得特别牢。

有一天，我收到幼儿园的邮件，让我们这个月不要扔掉家里的牛奶桶，下个月一起带到幼儿园。我当时很纳闷，幼儿园要这么多牛奶桶干什么。结果一个星期后我发现，幼儿园的院子里，多了一座用牛奶桶搭建的迷你“万里长城”，孩子们在上面玩得可开心了！豆豆兴奋地告诉我，这些都是他们和老师一起完成的，塑料的东西可以回收，用处可多啦！

他还兴奋地跟我介绍：“妈妈你看，这是用易拉罐绑在一起做的梅花桩，我们可以踩在上面做游戏；这是用纸杯和易拉罐环做的编钟，你拨弄它就可以发出不同的声音……这些东西都是我们平常丢掉的。其实，它们还可以发挥作用呢！”看到豆豆滔滔不绝的样子，我不禁想起自己小时候，老师也教我们有些垃圾要回收再利用。可是，我过了很多年才真正明白再利用是怎么一回事。而美国的小孩子，就在老师用心展现的世界里，清楚地看到了废弃物焕发出第二次“生命”，牛奶桶长城、易拉罐梅花桩、纸杯编钟……多么神奇的创意！从那以后，豆豆经常发挥自己的创意，来实现垃圾的价值，譬如用一次性盘子做成青蛙，用废弃的光盘做成玩具……

一天，他兴奋地告诉我：“妈妈，我们今天去了《玩具总动员》现场！”我疑惑：“难道是去参观电影棚？”豆豆很快打破了我的美好幻想，原来他们是去了和《玩具总动员》里一模一样的垃圾场。

我顿时觉得有点不愉快，问：“你们去那里干吗？多脏啊！”豆豆回答道：“老师今天带我们参观垃圾场，我看到各式各样的垃圾堆得像山一样，很多机器在工作。妈妈，我真没想到，我们一天会生产那么多的垃圾，多得我都看不到垃圾场的另一头。以后，我再也不会浪费东西了，不乱买衣服、玩具，因为不浪费就可以减少垃圾的产生……”那时，豆豆还不到4岁，我第一次听到他跟我说那么多话，我也在那一瞬间理解了老师们的良苦用心。老师没有说教，而是带他们亲眼去看，让他们在震撼中自己体会垃圾的“壮观”。

美国小学的环保活动内容非常丰富。老师会带他们到湿地公园去，观察那里的生态系统。在那里，孩子们会看到动物、植物和周围的环境相互依存地生活着，破坏了哪个环节，都会对生态链造成影响。老师还带他们去看河流，带他们做测试，如果哪里的水质不够好，追溯到上游，可能会有工厂排出废水。同时，老师还告诉他们，如果我们用水过度，造成湿地公园干旱，那么整个湿地的动植物都会因为得不到水分而死亡。

整个活动中，老师不会对孩子说要保护环境，但孩子们却通过自己的观察与老师的讲解，明白了环境是怎么一回事，保护环境又是怎么一回事。所以，美国孩子的环保观念是深入骨髓的。**对于孩子来说，与其通过说教让他们学习环保，不如花点时间带着孩子去“种”垃圾，到湿地公园看看，因为只有自己体验到的东西，他们才会铭记一生。美国学校的这种体验式教学，也可以用到我们的家庭教育中，对孩子少一些说教，多一些引导，让孩子在体验中学习，在学习中感受生活的乐趣。**

家庭教育从餐桌开始

第一次在美国朋友家就餐，我惊呆了。朋友家1岁半的孩子，自己坐在餐椅上，从头到尾，自己吃完饭。尽管他拿勺子的动作还很笨拙，但是他不慌不忙，一勺一勺吃得很认真。掉在桌子上的饭粒，他很自然地用手捡起来吃掉。吃完饭后，他一边把围嘴解下来，一边说："我吃完了！"父母把他抱下餐椅，他端起碗，把碗里的剩饭倒进垃圾桶，再踮着脚尖把碗放进洗碗池。一切都是那么熟练和自然，一看就知道，他很早就养成了这个习惯。

在美国，餐桌教育是育儿内容中很重要的一部分。相比于很多人把喂饱孩子放在首位，他们更重视"吃饱"以外的其他事情，比如，孩子能主动吃饭并享受吃饭的过程，能遵守就餐过程中的礼仪，学会在餐前餐后布置与收拾餐桌，学会接待客人，等等。

美国的孩子从会拿勺子起就开始学习自己吃饭，尽管他们会弄得满身、满地都是饭粒，但是通过几个月的训练，他们的手脑就能平衡和协调起来，可以稳当地把勺子放入嘴中。孩子自己决定吃多少，因为吃饭是自己的事情，只有主动去吃饭，才会真正享受吃饭的乐趣。而且到点吃饭，逾时不候，如果孩子当时因为玩耍而不肯吃饭，那真的是要饿肚子的。

对于这一点，很多父母会觉得不可思议：怎么能让孩子饿着？看见孩子饿得直哭，父母肯定会很心疼，马上去给孩子做饭。但是也因此，这种家庭的孩子都明白，我现在不吃也不要紧，反正家里的厨房24小时为我开着，我饿了自然会有人给我东西吃。他们没有主动进食的观念，也不会遵守严格的用餐时间，这就是为什么一些父母常常抱怨孩子不爱吃饭的原因。

大多数美国孩子从2岁起开始学习用餐礼仪，吃饭细嚼慢咽，不能发出声音；刀叉不能敲盘子，就算是不小心发出声响，也必须跟在座的所有人说“对不起”。除了不影响到他人就餐，还要考虑到他人的感受，因为喜欢某道菜而放肆吃，这是不被允许的。大一点的孩子，还会帮助父母做一些餐前准备和餐后收拾工作，减轻父母负担的同时，也让孩子有一种家庭参与感，学到一些接待客人的餐桌礼仪。

餐桌不仅仅是教育孩子的地方，更是一家人围坐在一起最温馨的场所。美国父母非常重视与孩子的就餐时光，无论平常百姓还是国家总统，都会把和家人的团聚看成比任何事情都重要的事情。下班回家后，每个人都急匆匆地往家赶，为的就是一家人能早点围坐在餐桌旁，享受一顿愉快的晚餐。

可能很多父母都没意识到，一家人一起准备、一起享用美食，一起交谈，这是一件多么幸福的事情。我们很少把要和家人吃饭当成拒绝应酬的原因，相反，应酬是不回家吃饭最理所当然的理由。

中国人的早餐内容丰富，却很少是一家人一起享用。我们经常在早餐摊上吃，或者把早餐打包带走。即使在家里吃，也经常是孩子吃饭，妈妈忙着收拾书包。于是，美好的早餐时光就这样被匆忙消耗掉了。美国人的早餐很简单，各种麦片圈圈泡在牛奶里就是一顿。但是，一家人一定要坐在一起慢慢享用。尤其是周末的早上，爸爸坐在餐桌旁看报纸，妈妈给每个人的盘子里放入一个鸡蛋或几片培根，孩子们给每个人的杯子里倒上橙汁，这是很常见的场景。一日之计在于晨，一家人在一起聊天、谈心、说笑，美好的一天就从那一刻开始。**孩子从餐桌上能学习到互相协作的精神，感受到彼此之间的默契，享受吃饭的乐趣。更重要的是，相比一顿美味精致的早餐，他们更需要的是父母的陪伴、与父母的沟通和亲子之间的那份亲密无间。**

我们常说，养育孩子是最考验耐心的一件事。但是，美国人会告诉你，耐心不是等待的时间，而是等待的状态。他们很小就让孩子自己吃饭，面对满桌满地满身的狼藉，他们能做到心平气和；他们让违反规矩的孩子饿着肚子，面对孩子的哀求他们不动声色；他们将工作琐事搁置，期待和享受与孩子在一起的时光……这是一种怎样的淡定与平和！当我们为了工作匆忙奔走，或者对于孩子的教育无所适从、急于求成时，我们是否可以尝试，先陪着孩子一起在餐桌旁坐下来呢？

润物细无声的品德教育

在美国期间，我带着豆豆去小区晒太阳时，经常见到一对美国父子，孩子是个脑瘫儿。他们最喜欢的游戏是玩球，父亲把球丢出去好远，然后两人比赛看谁先把球拿回来。一天，草地上来了一群小孩，他们本来分成两队比赛踢球，看见这个脑瘫孩子后，他们就邀请他一起参加比赛。比赛变得非常简单，就跟父子俩玩的游戏一样，把球丢出很远再捡回来，但他们把丢球、捡球的游戏变成了接力赛，因而更加好玩。当小男孩跑去捡球的时候，无论是对手还是队友都为他加油，一切都是那么真诚，又那么自然。那一刻，我被深深地感动了。这些孩子才七八岁，但是他们却懂得尊重他人，懂得宽容和理解人与人之间的差异，并且慷慨地给人带去欢乐。

刚到国外时，我有一种感觉：美国的残疾人特别多。后来才发现，那是因为他们跟正常人一样生活，不会受到歧视，所以才会经常出来活动。美国的幼儿园经常会组织一些活动，带孩子们去特殊儿童学校，与那里的儿童一起游戏、学习。幼儿园老师会告诉他们："那里的每一个孩子都和你们一样，都是爸爸妈妈的宝贝，上帝从他们身上拿走了一样东西，是为了让他们得到更多的关心与爱。他们需要你们的帮助，但是更需要得到尊重。”

所以，当孩子们到了特殊儿童学校时，他们不是去“献爱心”，更不是高调地“作秀”，而是真正地与那些有缺陷的孩子共同生活。大家一起讨论问题，一起策划节目，发挥每个孩子的优势。回去后，他们还会继续保持联系，成为很好的朋友。去过特殊儿童学校后，豆豆就交了一个新朋友。他跟我说，这个新朋友虽然走路不太方便，但是他对恐龙特别有研究。豆豆对他很崇拜，很长时间里都把他挂在嘴边。我想，这就是美国幼儿园教给孩子们的精髓：每个人身上，不管他身体是否有缺陷，都有值得我们尊重的地方。

除了尊重和友爱，幼儿园还很注意教育孩子们其他的品德，比如守时。豆豆的幼儿园有一项规定是不能迟到，如果超过规定次数，园方有权利不再接收这个孩子。当时我觉得特别不可思议：幼儿园不就是带一帮三五岁的孩子玩各种游戏吗，有必要这么守时吗？

然而，这个规定却真的一丝不苟地执行着。家长每天把孩子送到幼儿园时，都要在门口的签到单上签到，并写上到达时间。如果超过了规定时间，幼儿园的大门就锁上了，迟到就会记录在案。这个幼儿园其实很温暖很有爱，每个老师都非常和善，但对于屡屡迟到的家长，老师会很严肃地提出批评，同时会告诉你，守时守信是孩子进入社会必须学会的第一件事，这既是对自己负责，也是对别人的尊重。在幼儿阶段，孩子主要靠父母来训练如何把握、遵守时间，只有守时的家长，才能培养出守时的孩子。

因为这项幼儿园铁律，我之后没有迟到过，豆豆也因此养成了做事利索、守时守信的好习惯。记得只有 3 岁的他，常常在我赴约会前就提醒我：“妈妈，你要快一点，要不然会让别人等你！”这是他在幼儿园学到的最重要的一课。

美国幼儿园的品德课，习惯用活动来代替说教。几乎所有的美国幼儿园都会举办类似卖饼干的活动。孩子们去商场销售饼干，把所得的收入捐给无家可归的孩子或是穷困国家的儿童。豆豆的幼儿园每年都有几次这样的活动，3 岁的孩子尽管还要父母带着他们出去兜售，但是在这之前，老师们会给他们做一系列的功课，让他们明白：我要鼓起勇气，战胜害羞，因为我卖出饼干（糖果），就可以让那些无家可归的孩子拥有一个家！孩子的内心特别单纯，这些积极、有意义的活动无疑就是最好的品德教育。他们既锻炼了自己，也明白了要与人为善，对有困难的人要施以援手。

品德是不能强加给孩子的，只有潜移默化的影响才能让品德变成孩子们的自觉行为。我们的品德课，或许正是缺少这种润物细无声的教育方式。

孩子的每个职业梦想都值得尊重

小时候，爸爸常跟我说：“好好学习才能考上好大学，考上好大学才能找到好工作。”我当时不明白好工作是什么。我想当卖糖的售货员，这样每天都有糖吃。我想当个种果树的农民，这样果子一成熟，我就可以把果子摘下来，这是我一直向往的事情。可是，爸爸马上告诉我：“这样是没有出息的。”他告诉我，长大了可以去当记者或者作家。但是，我一直长到很大，都不知道记者和作家的工作到底是什么样的。我想，如果有人带我去体验这样的职业，说不定我真的从小就会朝这个方向努力。

后来我有了孩子，我们生活在美国。每个星期五，收垃圾的车都会到小区来。我们把垃圾分类后放在垃圾桶里，摆在路边，这样垃圾车开过来时，会用它长长的铁爪子把垃圾桶抓起来，倒扣在车厢里，再把垃圾桶放下，垃圾就被收走了。豆豆对这件事特别有兴趣，每次都要追着垃圾车跑一个街区。他跟我说，长大后也要当个开垃圾车的，操纵那个铁爪子。我赞赏地说：“嗯，确实很酷呢！”为了满足他的这一兴趣，每个周五的早晨，我都会跟他一起等待垃圾车的到来，然后带他跟着垃圾车跑，尽管臭气熏天也全然不顾。我后来还专门开车带他去垃圾场，看垃圾怎么分类处理，垃圾车怎么工作。后来，孩子俨然成了这方面的专家，说起来头头是道，谁也看不出这只是一个 3 岁的孩子。

在美国的幼儿园，也常常有这样的职业体验课，比如，带孩子去参观消防局、警察局等，让孩子很直观地去了解一个职业。幼儿园的教室里还会有各种情景布置，有银行、医院、超市……孩子们在一起扮演各种角色，通过这些来理解职业的内涵。他们还会定期请某种特定职业的人来幼儿园，给孩子们介绍他们的工作，比如建筑工会带来各种工具和模型，让孩子明白每一个工具是怎么用的，每一种车是什么用途。这种寓教于乐的职业教育，在美国的幼儿教育中是很普遍的事情。

在中国，人们似乎习惯把工作分出高低贵贱，父母也很明显地把这种观念灌输给孩子。“你如果不好好学习，就和她一样扫大街。”甚至有的父母会当着清洁工的面说出这样的话。孩子对职业的了解，大都是从身边的劳动者开始，很多孩子从小的理想就是当清洁工、卡车司机、售票员……因为他们能发现这些工作的乐趣。但是，这样的理想很快就会被父母狠狠地遏制，因为干这样的工作是“没出息”的，长大后要当医生，当科学家，当投资家。可是，对于这样的工作到底是什么样子的，家长却很少给过这方面的帮助和指导。

从我小时候，到我现在自己也成为一个家长，几十年过去了，我常常听到的仍然是：“好好学习，考好大学，找好工作。”对于职业的教育，似乎一直存在一个误区，那就是把职业分为三六九等，告诉孩子哪些工作是好的，哪些工作是不好的，但是却很少帮助孩子去体验和了解某项职业的具体内涵。很多人大学毕业后所从事的都不是自己喜欢的工作，因为他们对自己喜欢的工作根本不了解。问他们当时为什么选择了这个专业，答案多半是因为他们的父母说这个专业好，可是父母真的对这个专业了解吗？

未必是这样。

我们应该让孩子知道，要把喜欢当成选择工作的第一标准，不管是什么工作，首先要能享受它。只要是通过劳动来获得回报的工作，都会得到社会的肯定和平等对待。如果他们从小对某项工作表现出好奇与兴趣，就会在家庭和学校教育中得到肯定和满足，家长会鼓励并赞赏孩子的想法，并带他去做深入的了解。

所以，当孩子对某种职业有热情的时候，一定要去帮助和鼓励他，带他去了解这个职业。在孩子的眼里，工作没有好坏之分，他们能看到的，只是某一个吸引他们的方面。对于孩子的职业教育，不是教孩子对职业划分层次，而是带他们去体验与了解不同的职业，学习相关的知识，然后用他所学和所能理解的去自己做决定。这才是父母应该给孩子的职业教育。

比物质奖励更好的奖励办法

自从豆豆回国上幼儿园后，每天的必修课就是汇报他得到了多少印章。他们在学期开始做了一本小存折，每天吃饭快，上课认真听课，帮老师干活儿，都可以得到小印章，等存到一定数量，就可以拿印章去换各种奖励。无独有偶，他上的英语学校也是以收集小蝌蚪的方法来激励孩子，10 个小蝌蚪换一个青蛙，10 个青蛙起就可以兑换礼品。礼品就摆在前台大厅，豆豆从学期开始就看中了一个需要 40 个青蛙才能兑换的托马斯大火车。为了收集小蝌蚪，他特别卖力，一定会记得穿校服，记得拿本子给爸爸妈妈签字，因为做到这些都可以得到一个小蝌蚪。我一开始还觉得这个方法不错，可以促使他主动去做很多事情。但是慢慢地，我发现，他对奖品的热情超过了做事情本身。我想起了他在美国上幼儿园时一次过生日的情景。

我原本以为，生日那天无非就是老师拿出半小时时间，全班的小朋友一起吃蛋糕，唱《生日快乐歌》，为他庆祝；没想到一整天他都受到了特别的优待。他一进教室门，老师就把他抱在怀里，让他一直待在自己身边。所以一整天，他都是离老师最近的那个人。讲故事、吃饭的时候，他坐在老师旁边的位置；出去玩的时候，老师拉着他的手走在最前面，让他第一个选择玩的项目。除此之外，对点心、玩具、画笔的颜色等，他都有优先选择权；他那天还可以当老师的小帮手，帮老师拿教具，甚至还可以根据自己的意愿来给其他小朋友上课。所以，美国小朋友对在幼儿园过生日的期待，不亚于爸爸妈妈为他办一场盛大的生日派对，因为被尊重、被优待和享受自由，是所有小孩子最需要的生日礼物。

除了生日，美国幼儿园对于孩子的奖励，也通过给孩子特别的自由、特权和优待来体验荣耀感，培养责任感，增强自信心。事实上，他们在奖励内容方面，就体现着充分给予孩子自由的特点。比如，对于吃饭，孩子吃饭快并不能作为奖励的标准，因为他们觉得，吃饭是孩子自己的事情，在规定的时间内提前吃完就可以先玩；如果吃不完或者不想吃，就把东西包好丢进垃圾桶，等时间一到，吃得慢的就不能再吃了。所以，美国的孩子在家和在学校吃饭一个样，自己能把吃饭这件最基本的事情管理好。

美国幼儿园奖励遵守秩序、懂得分享、照顾幼小、积极参加活动、尊重他人的孩子，奖励的方式跟过生日的内容一样，可以是一种特别的自由。比如，你今天可以随意去喝水，不用跟老师汇报；可以是一项特别的权利，比如你可以把班里的 CD 带回家听一个晚上；也可以是一项特别的优待，比如你今天可以优先选择做任何事情。这样的奖励，不需要孩子经过数日或数月的积累才能得到实际的奖品，而是当场就给予，即刻生效，它鼓励所产生的力量即刻就会在孩子的心里生根发芽。

我知道自己无法改变学校的奖励制度，所以在家里，我对豆豆的奖励不是给予物质，而是给予他更多的自由、权利与优待，来激发他的斗志。豆豆有一段时间特别拖拉，我曾经用过收集小星星的方法，只要他能够准时一次，就给他一颗星星。但没多久他就没兴趣了，某一天他突然想明白了，原来花那么大力气去得到的东西，在某一个节日就可以很轻易地得到。我也因此彻底放弃了这个貌似在引导，实则没有脱离物质诱惑的奖励。后来，我跟他说："如果你今天能按时完成洗漱，上幼儿园不迟到，那么今天下午你回来就可以自由安排吃饭前的时间。"他听完后，先是很迟疑，问："我真的可以这样吗？我想干什么都可以？"我回答："是的，只要是安全、不打扰别人的都可以，你可以自由安排那一个小时。"他听了，迅速去换衣服、刷牙洗脸，平常需要花 20 分钟才能做完的事，他只用 5 分钟就完成了。从幼儿园回来时，他也没在路上拖拉着不回家。回到家后，他边找遥控器，边跟我喊："妈妈，我自由安排时间了啊！我选择看电视。"平常我很少让他看电视，所以这是我意料之中的事情，但我心里还是隐隐地感到不安，一个小时的看电视时间不短啊！但想着已经答应过他，我也没多说什么。他果然看了一个小时电视！

第二天，他一醒来，就飞快地穿好衣服，跟我说："妈妈，如果我今天不拖拉，还跟昨天一样可以自由安排下午的时间吗？"我说："当然！"没想到，第二天下午他只看了半个小时电视，然后就要求出去玩轮滑了。他说："我觉得这是自由选择，如果只做一件事情太亏了。我要多做点自己喜欢的事情。"看来小伙子很会精打细算嘛。

这个奖励的制度执行到第七天，豆豆已经能很主动地在早上迅速完成一系列事情。而且，以前对我来说无比头疼的晚饭前一个小时，因为让他自由安排，他反而不像我以前担心的那样总要求看电视，而是把活动安排得丰富多彩。看来，这种给予自由选择的奖励，真正地满足了他内心的需要，激发了他的内在动力。

后来，我把这种奖励用到了生活的其他方面。自从有了弟弟后，豆豆一直觉得自己的权利受到了挑战，觉得弟弟在很多方面得到优待，爸爸妈妈陪自己的时间少了很多。所以我给予他的奖励是，可以单独跟爸爸妈妈待半天，享受只有他和爸爸妈妈的特殊时光。他玩过玩具后总是忘记归位，我奖励过、惩罚过、说教过，都没用。后来，我跟他说："如果在这个星期内，你每次玩过玩具都能收拾好，那么周末你就可以得到爸爸妈妈专属于你的半天。"这样一个特权对他的诱惑特别大。他 3 岁半时弟弟出生，尽管我们尽可能地满足他的要求，但是他心中的失落是难免的，有时他还会故意把弟弟弄哭，来引起我们的注意。所以，为了周末的半天特殊时光，豆豆每次玩过玩具都会很认真地放回去。偶尔忘记，我会提醒他，因为我坚持的原则一向是"与其让错误发生后惩罚，不如将错误杜绝"。一个星期后，他得到了专属于他的半天。根据他的要求，我和老公带着他去看了一场电影，还吃了冰激凌。三个人手牵手回家的路上，不仅孩子很高兴，连我们自己也找回了当年初为人父母时那种惬意和幸福的感觉。

用自由、权利和优待的方式奖励孩子，真正从孩子内心的需要出发，原来是可以一举多得的事情，因为这样不仅眼前的事情处理好了，其他一些事情也跟着好转了。通过这些奖励，孩子的内心力量也真正得到了增长，因为他的责任感、荣耀感、成就感和自主感在一次次的奖励中得到了激发。

孩子，我们来开会吧

豆豆有一段时间喜欢乱扔东西，玩过的玩具随手一扔，衣服、鞋子脱下来甩在地上。我本来没当回事，直到有一天，2 岁的小福也像哥哥一样，一进门就把鞋子甩出两米远，我才意识到，他们乱扔东西的毛病必须得好好治治了。

可是怎么治呢？我给孩子们读《贝贝熊》时，发现当小熊兄妹把房间弄得凌乱不堪时，睿智的熊爸爸就会走过来，请全家人围着壁炉坐在一起，开个温暖的小会。大家你一言我一语，想出很多解决问题的好办法。我灵机一动：我也可以带着孩子们开会呀！咱没有温暖的壁炉，但是有阳光和绿地！

周末的午后，我先在院子里的草坪上铺了一条毯子，放上很多食物，然后对小哥儿俩挥手："孩子们，来开会啦！"豆豆和小福蹦蹦跳跳地过来，随意地坐在毯子上。豆豆兴奋地问："妈妈，贝贝熊也是这样开会的！他们家开会时，还有各种小动物跑来跑去！"我说："咱们也有呀，你看小鸟和小猫都在看我们开会呢。咱们也要像熊哥哥和熊妹妹一样好好发言哦。想一想，有没有什么好办法能够改掉乱扔东西的毛病呢？"

豆豆不假思索地回答："买个家用机器人，让它收拾东西！"最近，豆豆对机器人很狂热。我点点头："儿子，你这个想法不错！妈妈也想有个家用机器人呢！不过，现实里的机器人可不像动画片和电影里那么智能。比如你们丢到沙发缝里的蜡笔，机器人就发现不了。"

豆豆又想了一个主意："没关系，我们可以买很多小机器人，让他们分布在房间的各个角落里，肯定能把东西都收拾好！"小福看哥哥这么兴奋，也跟着激动起来，举着小手慷慨地说："我给他们吃巧克力！"

家里都是大大小小的机器人？我脑子里顿时浮现出《变形金刚》的场景。我耐心地启发豆豆："那么，这么多的小机器人谁来收拾呢？"豆豆认真地考虑了这个问题，最后叹口气："等过几年，再拜托机器人帮忙吧！"

过了一会儿，豆豆又想出一个办法："妈妈，玩橡皮泥和拼图时，铺上游戏毯就不会把东西弄得到处都是。""嗯，这个办法不错！"我鼓励他说。

但是，豆豆自己又不满意了："唉，有时实在不想收拾东西，真想用游戏毯一包放在一边不管了。妈妈，你说，我们在家里放一个大箱子好吗？把懒得收拾的东西都放里边，等有时间了再收拾。"我提议："可以呀。把这个箱子叫作'未来箱'吧，里面的东西要等一个星期之后才能拿出来哦！"

豆豆觉得很有趣，答应遵守这个游戏规则。刚开始，豆豆会很自觉地把东西都放进去。但是有一次，他原本打算第二天把自己组装的小汽车带给小朋友看，却因为懒得收拾东西，随手把它扔进"未来箱"里了。晚上，小家伙偷偷地跑到箱子旁边，想把汽车拿出来，结果被我发现了。豆豆又哭又闹，开始耍赖，非让我打开箱子。我把他抱在怀里，冷静地说："豆豆，妈妈理解你的心情，你一定迫不及待地想让小朋友分享你的快乐。

但是，我们要遵守规则，如果你不遵守，弟弟也不遵守，那我们开会就没有意义了，连小动物也会笑我们的。其实，我们以后是可以避免发生这种事情的，你知道该怎么做吗？”豆豆一边擦眼泪，一边低声说：“自己把玩具收拾好，别放进‘未来箱’里！”从那以后，豆豆变得勤快起来，渐渐能主动收拾玩具了。

除了“未来箱”，我们还用废弃的黑色枕头套做了一个“黑洞”，洞口贴了一个红色的大嘴巴。这就意味着，东西一旦丢进去，就会被吃掉。孩子们把自己很久没玩过、用过的东西，都放到“黑洞”里。如果一个月后还不想拿出来玩，就把它们送人或者卖掉，家里因此干净、清爽了很多。

针对乱扔东西的问题，我们开了几次会。**孩子跟大人不同，无论方法再好，只要新鲜感一过，他们可能就没有热情做了。这是自然规律，不是孩子的错。我相信只要和孩子们一起，只要给孩子足够的时间去思考，一定能想出更有趣的小办法来。**

渐渐地，开会固定下来，成为家里的一个传统。无论是讨论去哪儿旅行，还是晚上吃什么，都要开个会。草坪上、小溪边、沙滩上，甚至秋千上都是我们的会议室。大家一边吃一边聊，奇妙的点子一个接着一个。其实，开会就是父母充分地尊重和信任孩子，给他们发言权，让他们用自己的方法来解决自己的问题。只要给孩子机会，你会发现，他们远比你想象得更聪明、更有主见。

如何跟孩子谈及灾难事件

昆明火车站恐怖事件发生后，我跟妈妈说起这件事。为了避免让孩子听到，我特意用家乡话说的，没想到豆豆听了个明明白白，他丢下手里的玩具，过来要问个究竟。

我马上意识到自己犯了个错误，就算我完全闭口不提，关上电视、网络，也无法阻挡孩子对外界的视听。所以无论我如何回避，也无法将社会的黑暗、恐怖、灾难等隔离在他的世界之外。

玉树地震那一年，豆豆在美国上幼儿园。当时见到的每个老师和家长都很关切地慰问我们远在中国的亲人，让我特别感动。但更让我感动的是，幼儿园的园长还专门教我如何与孩子谈及灾难。

当时豆豆刚刚 3 岁，我也是抱着“他不问，我就不说”的心理，没打算和他专门谈及这件事。但是园长告诉我，不要看孩子小，他们会从各个方面得到信息并受到影响。最好的情况是，这些信息来源于父母或其他看护人，而不仅仅是来自其他孩子或媒体。

我找了一些与地震相关的视频和图片，主要是就地震为何会发生、地球结构发生了哪些变化、会造成什么影响等内容向他做了解释。然后跟他说起那次事件：在中国一个叫玉树的地方，发生了地震，有些人因为来不及逃出来而受了伤或失去了生命。谈话的内容和图片视频都没有关于死伤细节等恐怖画面的描述，只是简单地跟他介绍了基本的信息，然后跟他一起讨论了幼儿园每月一次的地震演习，包括为什么每个小朋友都会在幼儿园备有一个地震包，当地震发生了我们该怎样做。

后来，因为这件事，豆豆对地理的爱好持续了很久。2013 年雅安地震的时候，因为我的疏忽，他看到了地震相关的报道，包括一些比较恐怖的画面。晚上，他睡不着觉，脑子里总在想，如果我掉进去了怎么办？我被困住了怎么办？

说实话，当时我有一种手足无措的感觉，不知道该如何去安慰他。我努力回忆当时园长跟我说过的一些话，并进行了梳理。然后我找豆豆进行了一次谈话。

我问他："豆豆，你对这次地震的情况知道多少呢？"（**第一步，要了解孩子已经知道的情况。**）

他说："我看到很多人死了，数字每天都在增加。有人被埋在地下，挖出来的时候已经死了。"

我："你看到的时候，在想什么呢？"（**第二步，询问孩子有什么疑问或困惑。**）

他："我觉得很可怕，我担心我也掉下去，我也出不来，我担心我们这里也会发生地震。"

我："如果真的发生了，你会怎么做呢？"（**第三步，启发式提问孩子自己的想法与做法。**）

他："我觉得我们要像在美国一样，在家里准备一个地震包放在门口。地震真的发生了，如果能逃出去，就抓着地震包跑到空旷的地方；如果逃不出去，就躲在厕所里。”

我：“你说得很对，如果我们有所准备，就可以把伤害降到最低。你还记得妈妈常跟你说的‘不要为没有发生的事情而担心’这句话吗？”（**第四步，父母开始根据孩子的情况来提出解决办法。**）

他：“记得，每次我说如果车不会来、姐姐要是不同意、周末要是下雨怎么办……你就会跟我说这句话。”

我：“是的，因为我觉得，我们可以为没有发生的事情做准备，但是不要去为它担心、害怕。因为担心起不到作用，还会影响你当前的生活。地震也是如此，它发生的概率并不高。就像太奶奶，她生活了 90 多年，也没碰到过地震。”

孩子的担心不可能一下子消除，最关键的一点，是告诉他无论如何爸爸妈妈都会出现，都会和他在一起，我们会相互支持、照顾和保护彼此。

这次的昆明火车站恐怖事件，跟自然灾难相比，就不仅仅是伤痛与害怕，还关乎孩子对这个世界的看法与信任。孩子很小的时候，我们就常常跟他说：“在外面你不要乱跑，会有坏人。”然后又告诉他：“不是每个人都是坏人，好人要比坏人多得多。我们要满心欢喜地面对这个世界，又要防范一些不好的人和事，避免不必要的伤害。就像一粒种子，即使会遇到害虫和不好的天气，但它还是会发芽、长大，因为它拥有更多的是阳光、雨露和土壤。”

我跟豆豆说了这次恐怖事件的基本信息，也把同样的道理告诉他。他说：“妈妈，我想起一件事。小时候，你带我去打预防针，我不敢去。你跟我说：‘有一点疼，但是可以忍受的。’我想着你这句话，尽管很害怕，但我还是很勇敢地让医生打针了。后来我发现真的不是很疼。”

我很期待地看着他，心里却很疑惑，他要跟我说什么？

他接着说：“妈妈，坏人就像打针一样，会给我们带来一点疼，但是是可以忍受的，对吗？”

我惊呆了。我没想到，从6岁的孩子嘴里说出了这样富有哲理的话。尽管不够完整，但是我明白了他的意思。他也明白了我的意思。

然后，我跟他说起如果遇到这样的情况应该怎么做。**我说：“人的生命远远比财产重要！遇到坏人时，一定要丢下所有的身外之物，拼命地逃。如果你觉得跑不掉，就找个地方躲起来，不要出声。如果实在藏不住，就一定要奋起反抗，为自己争取时间。记得，有人正赶在救你的路上。”**

尽管我跟豆豆说过无数次不要为没发生的事情担心，但在我说这些的时候，巨大的恐惧突然铺天盖地而来，我感觉身子在发抖。我们拼命工作，想给予孩子最好的教育、最好的生活，但是那一刻，我唯一的希望就是我的孩子能平平安安地度过一生。我希望他有一颗勇敢、坚强的心，有豁达的思想、敏捷的思维，有能屈能伸的性格、随机应变的能力，去面对世间的瞬息万变。

当灾难事件发生，父母应注意以下几个问题。

1. 可以跟多大的孩子谈起？如何谈？

什么年龄段都可以，但要先了解孩子已经知道了多少（详见上文楷体字部分）。对于比较小的孩子（三四岁），要通过父母或监护人首先传达这些信息。大一点的孩子，最好要有父母的引导。父母可以跟孩子一起看新闻，但最好是在自己看过的情况下，再带孩子一起看，以免孩子看到一些无法接受的内容。

2. 谈论的内容怎么把握？

一般来说，介绍事件的基本信息或相关知识延伸即可，淡化对细节和悲惨场面的描述，以免引起孩子心理上的不适。

3. 怎样判断孩子是否受到影响？

观察孩子的睡眠、情绪、行为和身体状况。如果出现异常，不管是否与事件有关，一定要尽快与孩子沟通。

养育两个孩子，没你想的那么难

Chapter

07

两个孩子的幸福：1+1 ＞ 2

前文已经提到很多次，我家有两朵小“奇葩”：豆豆出生在冰天雪地的北欧，性格如冬天一般冷静忧郁；小福出生在阳光明媚的美国加州，性格如夏天一般热情奔放。两个小家伙的奇葩事迹，真是数不胜数。

豆豆从小就多愁善感。一天晚上，他突然坐在床上哭起来。我问他怎么了，他回答说：“我担心今天妈妈刚种的小柿子会死掉。如果躺着哭，哭着哭着就睡着了，睡着看不见妈妈怎么办？所以我要坐着哭……”那一瞬间，我觉得豆豆肯定是被林黛玉附体了！我忍不住劝他说：“豆豆，你是男孩子！如果你担心，也要担心男孩子的事情。”

过了几天，我看到他又在黯然神伤。这回，豆豆真的开始担心男孩子的事情了——担心他驾驶的宇宙飞船回不来，据说飞船的返航按钮被他弄坏了。我安慰他：“没事，到时候爸爸妈妈肯定会去救你的！”他幽幽地说：“万一你们来晚了，我在飞船上饿死怎么办？”我说：“那你先在太空中随便找点东西吃！”豆豆一听，“哇”地哭开了，抽抽搭搭地说：“万一东西不好吃怎么办？”我顿时无语了。

面对如此奇葩的豆豆，我和老公暗暗祈祷：下一个孩子不求多聪明，只要像个普通孩子一样没心没肺就行。几年后，小福带着我们的美好期望来了。事实证明，我们当初真是身在福中不知福。

小福是个热情奔放、精力旺盛、具有强大破坏力的孩子。1 岁前，他把豆豆保存了 4 年的绘本全部撕烂，家里所有的墙壁都没有逃过他的魔掌。最重要的是，小福的到来，彻底激发了豆豆的斗志。

本来，豆豆一直过着与世无争、养尊处优的小日子。他对小福很友爱，每次弟弟一过来，他都会主动让出一半位置，说："弟弟来吧，我们一起坐在妈妈这里。"但小福坚信"妈妈是我一个人的"，他总是毫不感恩地一把将豆豆推开。在小福的眼里，豆豆玩的东西必须是他的。每次看见好东西，他都会伸出小胖手，简单粗暴地说："给我！"于是，豆豆写字的时候，本子会被弟弟抽走；豆豆画画的时候，弟弟会在上面印上手印，滴上口水；豆豆和爸爸下围棋时，弟弟会直接把棋子扫到地上……豆豆的整个世界都混乱了。几次三番后，豆豆终于火了，开始跟弟弟宣战。于是，家里硝烟弥漫，再无宁日。

豆豆的战略是以暴制暴。每当小福搞完破坏，抢到哥哥的东西要跑时，豆豆就会追上去，很干脆地在弟弟头上拍一掌。把弟弟拍哭后，豆豆就迅速回到自己的座位上，仿佛什么都没发生过一样。那股子淡定劲儿，让我和老公叹为观止。

兄弟俩的事，我很少掺和。因为打着打着，他们就会很自然地达成一些共识和秩序，小福会开始听从哥哥的安排。豆豆会耐心地对弟弟讲："没有经过别人的同意，你不能拿别人的东西。这个小车是哥哥的，现在我同意你玩一会儿，但是 5 分钟之后得还给我！"小福在一旁奶声奶气地说："好！"慢慢地，我就很少见到他俩抢东西了。

和平共处后，博爱、善良的豆豆开始将自己的知识都传授给弟弟，于是对豆豆进行了系列讲座。有一次，豆豆对小福讲：“宝宝，你知道吗？地球发生过很多次地壳运动才变成今天的样子。”小福睁大眼睛，困惑地问：“什么？”豆豆继续授业解惑：“现在是海的地方，以前可能是山。”小福继续问：“什么？”豆豆干脆拿出几块积木，给小福来了一场生动的讲解，小福听得津津有味。但是等豆豆问“明白了吗”时，小福马上响亮地回答：“什么？”连我都看不下去了。虽然小福锲而不舍地问“什么”，但是豆豆却非常享受当老师的感觉，百折不挠。

两个小奇葩在一起，破坏力也是惊人的。有一次，我待在房间里看书，一出来就看见兄弟俩正拿着一个纸杯运水，从客厅到卫生间的地板上全是水。原来，豆豆正在给小福上实验课。他们把小风扇拆了，做成一个水车，然后在水车上浇水，好让叶片转动。我问豆豆：“为什么不在卫生间里玩？”豆豆理直气壮地回答：“这样弟弟就没法运水玩了！”正说着，小福又匆匆忙忙地端着水杯从我身边跑过去，飞快地往水车上浇了一杯。豆豆一副“你看，我没有说错吧”的表情，让我差点笑喷了。

大概是觉得小福这个挡箭牌很好用，不好开口的事，豆豆开始指使弟弟出面。不过，小福一转身就把哥哥给出卖了：“妈妈，哥哥说再看半个小时电视可不可以？”豆豆在一旁气得直跳脚，全然没有了“忧郁王子”的范儿。

还有一次，我听到豆豆对小福说：“你对妈妈说你口渴，这样妈妈就会给咱们买冰激凌吃。”过了一会儿，小福颠颠地跑来，对我说：“妈妈，我口渴了。”

我忍住笑喷的冲动，说：“那你喝点水吧。”咦，妈妈没按照剧本回答呀！小福顿时不知所措了。豆豆急了，只好从幕后走到台前，说：“妈妈，水不冰啊！”有了哥哥的救场，小福接着说：“妈妈，冰激凌会冰一点。”

两个人简直配合得天衣无缝。

我对奇葩兄弟组说：“你们要吃什么，可以直接跟妈妈说，不用提前商量好。妈妈希望能加入你们的小队伍里，不希望被排斥在外面。以后咱们一起商量好不好？”两个小家伙答应得很爽快，但我那次还是拒绝了他们的要求。我想让他们明白，兄弟俩在一起商量合作是好事，但是，不能用来对付爸爸妈妈。我更希望，在任何时候，他们都能先想到，爸爸妈妈可以帮助他们。

豆豆和小福在一起，产生强大破坏力的同时，也展示了非凡的创造力。**在相互陪伴中，他们互相学习和影响，弥补彼此性格的不足；在竞争的环境中，他们学会了分享与谦让。虽然麻烦多多，但是快乐也是成倍地增长。每当我和老公感叹“这两朵小奇葩”时，一定是我们一天中最幸福的时候。**

老大爱老二，就这么简单

小福还没出生前，我们问豆豆："再给你生个弟弟或妹妹怎么样？"他很兴奋地回答："好呀，好呀！我要把我的玩具给他玩，带他看书，教他游泳。"对于弟弟的到来，他跟我们一样满心期待。

后来，小福2岁了。2岁的小福，眼光所到之处，所有东西都是他的。我们再问豆豆："要不，再给你生一个妹妹？"他把头摇得像拨浪鼓："不行，不行，这样就又会多一个人跟我抢玩具了。"那副坚决不肯的样子与之前形成鲜明的对比，让我们忍俊不禁。

小福3岁的时候，兄弟俩经常会在一起一玩就是几个小时，那幅温馨的画面总让我感慨：我终于迎来了胜利的曙光。豆豆真心地爱护弟弟，小福真心地崇拜哥哥，以至于小福时不时会来一句："妈妈，你再给我生个妹妹，我就也变成哥哥了。"豆豆听到这话的时候，就在一旁很自豪地笑。

回想起豆豆从弟弟出生前"不知者无畏"的期待，到弟弟出生后突然一切都被人分享的现实世界，再到享受作为一个哥哥的身份，**我开始明白：手足之间有天生的相亲相爱，但其乐融融却不是常态。养育两个孩子，父母需要做的，不仅仅是对孩子生活上的照顾，更需要去理解和接纳**

两个孩子的心理，帮助他们在爱与竞争的环境中健康成长。

两个孩子之间常常会为争夺某样东西而打架，但豆豆对于弟弟的不满也仅止于此，他试图去理解弟弟这种“小小孩还不懂事”的心理，帮助他建立分享的观念，对于有时的不平等，他也可以接受。他在这个过程中有失落，有委屈，有生气，也难免感到不公平，但是爱的力量非常强大，常常让他忽略掉这些。这种爱不仅仅是爸爸妈妈给予的让他感到强烈安全感的爱，还有他自己对于弟弟宽容而细腻的爱。

因为豆豆参与了弟弟从孕育到出生、成长的整个过程，弟弟不是突然空降到家里跟他抢东西的孩子，也是他自己的宝贝。他看着弟弟在妈妈肚子里慢慢地长大；他隔着肚皮给弟弟讲故事、唱儿歌；他把手放在妈妈肚皮上，跟妈妈一起感受胎动；他还戴着耳机听胎心，比妈妈还要兴奋。

豆豆还想象出一个故事。他觉得他在出生前和弟弟一样，住在彩虹的另一边，两个人每天在一起开心地玩耍。后来他比弟弟先来到这个家里，过了几年，弟弟也来了，然后他们在这里相聚。都说父母与孩子是上辈子就认识的，而兄弟之间又何尝不是如此呢？

豆豆对于妈妈的肚子慢慢变大觉得非常神奇，他总是在问我：“弟弟在肚子里干什么？”“他现在是什么样子？”“他有鼻子吗？”“他的指甲长出来了吗？”我打印了胎儿的成长图给他看，告诉他：“你也是在妈妈肚子里这样慢慢长大的，在这个世界上，只有弟弟和你在同一个肚子里住过，他和爸爸妈妈一样，是你最亲的人。”

豆豆因此爱上了数日历，他会根据月份来看弟弟有了哪些生长变化。然后，他趴在肚子上问：“你现在真的长出眉毛和睫毛了吗？你的眼睛可以睁开和闭上了吗？我也可以哦，等你出来，我还可以教你怎样闭一只眼睛……”这个尚在我肚子里的弟弟，已经成为他最心爱的玩伴。

当然，我们也没有忘记在弟弟出生前，提前告诉他：“等弟弟出生后，他太小，什么事情都不能自己做，爸爸妈妈在他身上需要花很多时间。他会每天吃很长时间的奶，每天要换很多次尿布。他可能还会不分白天黑夜地哭闹，这些都需要爸爸妈妈的照顾，可能就没办法照顾到你，你可能得自己看看书，或是安静地等一等……”他想了想，说：“弟弟比我更需要照顾，对吗？”我说：“是的，所以我们都需要你的支持。”通过提前提醒，我们把所有可能发生的情况几乎都跟他说了一遍。我想，等这些事情真正发生的时候，他会有一个心理缓冲。

小福出生的那几天，老公和我去了医院，豆豆和爷爷两个人在家里。我们是第一次分开那么久，我有些担心他。可是我忙着生孩子，已经顾不上他了。第二天，小福出生了，就躺在我旁边，他是那么安静、那么美好。比起豆豆刚出生时我忘却一切的心情，那一刻我是多么想与豆豆一起分享。于是，我让老公回家，带上为豆豆准备的藏了很久的礼物，去幼儿园接他来到医院。他看到弟弟的同时，我们把礼物递给他，恭喜他成为哥哥。朋友们来家探望弟弟时，也都没忘记给他准备一份礼物，这份“哥哥礼”，让他在众人围着弟弟转的时候不会感觉被冷落，同时，也让他为成为哥哥而感到兴奋与自豪。

豆豆看见刚出生的弟弟时有些紧张、不知所措，又有些兴奋，围在弟弟的床边转圈圈。但很快，他就爬到了弟弟的床上，躺在他身边，看着他睡觉，玩他的手指，说怎么那么小。他逗弟弟笑，说弟弟怎么不理他；他看弟弟吃奶，问小时候自己是不是也这样。他以前放学后都是大叫一声：“我回来了！”弟弟出生后，他会先跑到弟弟的房间看他睡着没有。小福几乎占据了我所有的时间，所以我没法带豆豆看书，没法陪他睡觉，他就安静地坐在一边。很奇怪的是，无论晚上小福哭得多响亮，豆豆都从来没被吵醒过。

然而，豆豆毕竟只是个孩子，他也会任性地要求我们一定要放下弟弟，陪他玩游戏。他也接二连三地出现一些“倒退”行为，比如，不自己穿衣服，学小宝宝说话，不好好走路要求抱，等等。虽然他嘴里不说，但我知道，他对弟弟所享受的待遇有些嫉妒了。

趁小福睡着的一个晚上，我关上灯，拿出 4 根蜡烛，跟豆豆做了一个游戏。我跟他说：“这两根长长的蜡烛，是爸爸和妈妈，这根短一点的是你，我们把你点燃。”看着点燃的蜡烛，他很兴奋，指着最短的说：“这是弟弟吧。”我回答：“是啊，让我们一起把弟弟点燃吧。”点燃最短的蜡烛后，房间里一下子更亮了。我问他：“你看，点亮了你和弟弟，爸爸妈妈的光变小了吗？”他摇摇头。我继续说：“爸爸妈妈的爱就像这根蜡烛的光，点亮了你，我们的光并没有变小，再点亮弟弟，我们的光也没有变小。爱，就像蜡烛的光，不会因为给了另一个人就少了。我们爱你，还是跟原来一样多。而且你看，当我们的蜡烛都点亮的时候，我们的家就更亮了，就拥有更多的爱了，对不对？”他若有所思地点了点头。过了一会儿，我看他走到弟弟的床边，在他脸上亲了一口。

比起简单的说教，这个游戏对豆豆的触动更大。当弟弟来到后，突然分走了原本完全属于他的爸爸妈妈的时间、爱与照顾，他肯定会有很大的失落与不平衡。这时，父母要做的，就是用行动向他证明：我们爱你，还跟原来一样多。而且，我们比以前更加关注他的心理，更用心地陪伴他。

小福慢慢长大，2 岁左右时很“霸道”，不分青红皂白，什么都抢，什么都破坏。那时可能是兄弟俩矛盾爆发最多的时期。我们会让豆豆让一让弟弟，但也告诉他：“你不需要什么都让，如果你愿意给他你就给，如果你不愿意，你就可以不用给他。因为弟弟如果想得到你的东西，需要经过你的同意。”这样的“授权”，反而一下子让豆豆放松和大度起来。他愿意把东西给弟弟，还不厌其烦地跟弟弟讲道理。小福过了2岁半，变得前所未有地大度起来，哪怕是已经放到嘴巴里的东西，他也舍得拿出来分一半给哥哥。兄弟俩的相互成长，让我明白：对于分享，孩子从来都是在得到满足的情况下，才肯心甘情愿地分享；对于学习，孩子从来都是自己学到的才记得最牢。

让豆豆全程参与弟弟成长的过程，我们不因为要照顾弟弟而忽略豆豆和他的感受，引导他参与到照顾弟弟的生活中，鼓励他作为一个哥哥为弟弟的每一次付出与努力……所以，豆豆对于弟弟的到来没有嫉妒。他不会觉得弟弟从父母那里分走了爱，而是会主动去关心和爱护弟弟。

爱与竞争：让手足之情健康成长

所有见过小福的人，都说这个小孩太厉害了。他 10 个月时，还没学会走路，就可以把扭扭车骑得飞快，遇到障碍还能来一个完美的转弯。他 1 岁多时，筷子就使得非常娴熟，并不规范的姿势夹起花生米来，一夹一个准儿。2 岁时，他懂得想办法搬椅子，拿长杆，把放在柜子上的东西拿下来。3 岁时，他上幼儿园的第一天，就自己搬椅子、倒水喝、上厕所、洗手，顺利完成全套动作，就跟在家里一样。

这一切，只因为他有一个哥哥。当他还坐在婴儿车里时，哥哥开始玩扭扭车，他就在婴儿车里直扑腾。所以，即便还没学会走路，他就用积攒了几个月的劲，第一时间玩会了扭扭车。紧接着滑板车、自行车、游泳，都是在调动了所有好奇与热情的情况下，在同龄孩子还没上场的时候，他就已经练成“专业选手”了。他刚学会用勺子的时候，哥哥正好开始用筷子，所以他直接跳过了用勺子这个阶段。哥哥上 3 年幼儿园，弟弟风雨无阻地接送了 3 年。等弟弟上幼儿园的时候，幼儿园里的一草一木他都已经非常熟悉。

所以，当周围的家长向我投来羡慕的眼光时，我一点也不敢邀功。老实说，在老二身上投入的时间和精力，远不及老大。一天最多有一两个小时，我会全身心地陪伴他们，而其余大量的时间，都是哥儿俩在一起，哥哥不厌其烦地教弟弟，弟弟认认真真地模仿哥哥的一举一动。

所以，每次当我为“老大照书养，老二当猪养”而对小福心怀愧疚时，想着他一出生就有一个哥哥如良师益友般陪伴着他，我的心里又会舒坦很多。这确实是小福作为家里的老二所享受到的特殊福利。然而，这样的和谐场景，是建立在经历过很多争夺、打闹、和解、再打闹厮杀的基础上的。

小福没有经历过家里只有一个孩子的孤单感，也没有享受过完全拥有一种东西的满足感。他一出生就生活在一个竞争的环境下，这就促使他具有更为强烈的占有欲。又因为什么都要跟哥哥学，所以只要是哥哥拿在手里的东西，弟弟都会看上。因此家里总是狼烟四起。前一秒钟，他们还和平共处，一转身的工夫，就听见后面两兄弟的厮杀声，两个人一人拿着东西的一头，奋力地抢着。大弟弟 3 岁的豆豆，如果不使出全部的力气，有时还不是弟弟的对手，因为弟弟总是不遗余力，他想要的东西就一定要抢过来。豆豆有时还抱着慈悯之心，想要让着弟弟，尤其是只要一想到弟弟其实只想在手里拿一拿，很快就会失去兴趣时，豆豆就会主动把东西让给弟弟。

然而小福有时实在是太恃宠而骄，他对哥哥有着特别的爱，却又把哥哥当成自己的敌人。只要是哥哥和妈妈在一起，他一定要横刀夺爱。和哥哥分享妈妈不行，他一定要把哥哥推开。

晚上如果我带其中一个孩子睡觉，第二天早晨，另外一个孩子醒来后一定会跑过来。这本来是多么温馨的画面啊，可是小福只要睁眼看到哥哥，第一句话就是：“走，走！”然后，他开始锲而不舍地想要分开妈妈和哥哥。这时，豆豆会自娱自乐地用上他的“章鱼功”，你分开我这里，我就把那里搭在妈妈身上，哪怕只是一只脚。后来，小福终于放弃了，他想了一个办法，你不让我独自占有妈妈，那我黏在你身上，也让你占有不了。于是，这个场景就变得不可救药地温馨起来。两兄弟开始玩得其乐融融，我在一旁也陶醉了。我在旁边始终充当的是一个“玩具”的角色，不评价，不偏袒，谁抢到了我，我就属于谁，直到他们自己把问题解决好。

这是小福 2 岁前的场景。2 岁以后，他度过了“什么都是我的”的敏感期，因为充分地享受过获得与占有的满足感，他变成了一个非常乐意分享，体贴又细心的孩子。跟豆豆的细水长流不同，他带给我的幸福感是滚烫、炙热，总是带着惊喜与欢笑的。

在没有小福前，我跟大多数妈妈的想法一样。我想，我和豆豆应该是世上最亲密的母子了吧？就算小福来了，我们之间也没法超越这种亲密。

可是，当小福抱着我，第一件事就是用他的双手捧着我的脸；当他睡觉的时候，要掀开我的衣服把脚丫子挨着我的肚皮；当听到我上楼的声音，他就飞快地跑到门口大声喊“妈妈”；当他和我说再见的时候，需要紧紧的拥抱和长长的亲吻……我才知道，母子之间的亲密，是永无极限的。这是小福给我专享的“铁汉柔情”，以至于我常常感到惊喜。

小福是一个多么狂野的“小男人”。他总是像一阵风一样从我身边跑过去，消失在我的视线里，然后又风一样地跑回来，手里多了或少了一样东西。

小福总是非常直接地表达自己的喜怒哀乐，哭的时候哭得惊天动地，开心的时候似乎每个细胞都在笑。他对想要的东西一定会穷追不舍。他不停地在不同的物体上撞来撞去，可是他只是若有所思地摸一摸撞疼的地方，又继续往前了；他常常会摔上一跤，但又若无其事地像弹簧一样爬起来；他总是在我们中间捣乱，抢玩具、搞破坏，打断你正在做的事情，不由分说拉起你就走。总之，他就是霸主，他就是 king。

然而，他能准确地听出我的脚步声，他能在餐厅里听到外面的开门声，然后迅速地判断进门的人是谁。他能非常敬业地当我们的小用人，看到谁光着脚丫子，就会迅速地跑去拿来袜子放在你脚上，命令你："穿！穿！"别人刚刚剥下的橘子皮，也会被他抢走丢进垃圾桶。

他看到我坐在地上，会很自然地退着身子，一屁股坐在我腿上，然后低头做他自己的事。在我们各忙各的时候，他也能在一个角落里专注地忙碌着。

当妈妈是世上最幸福的事情，尤其是当两个孩子的妈妈。如今，小福渐渐长大，养育的辛苦也越来越少，加上我经过千锤百炼后拥有一颗绝对正能量的心，我开始慢慢享受两个孩子带给我的每一份开心、每一处感动。两个孩子也在爱与竞争的环境下，建立起更加亲密、友爱的手足之情。

弟弟出生后，哥哥迅速“被长大”

小福出生前，豆豆在我眼中还是一个小小的、柔软的、力量单薄的孩子。可当小福一出生，在强烈的对比中，他马上就变成了庞然大物，个头大大的，手脚大大的，没轻没重地朝我扑过来，经常把我弄疼……这个3岁半的孩子，一下子就“被长大”了。

豆豆曾经生活在一个安全、富足、和平的世界里，不用花任何力气，因为全家人的关注点都在他身上。可是，弟弟一到来，他发现每个人都围着弟弟忙个不停。爷爷忙着做饭，爸爸忙着换尿布，妈妈忙着喂奶，于是，他开始忙着吸引所有人的注意。一直以来，他在家里都是一个很有安全感与归属感的孩子，所以他撒起娇、耍起赖、无理取闹或是折腾起人来，都是如此心安理得和毫无顾忌的。

这个跟以前完全不一样的豆豆，和他所采取的一些小伎俩，总让我们偷偷地笑他，这反而为忙碌的生活增添一丝乐趣来。我们对他的情绪特别关注，尤其是老公，基本上只要是不太无理的要求，都会无条件满足。所以，家里经常会看到一个大男人柔情万丈地抱着一个小孩，耐心细致地讲道理、安抚，抑或到最后委曲求全。这样做的结果是，有一天豆豆在屋里摔了一跤，他哭着向我们走过来时，我张开双臂却等了个空，人家直接投进爸爸怀抱里了。

而我，有时确实是无暇顾及。我每天早晨起床时，豆豆已经由爸爸送去上学了。下午回来，他忙着游泳、吃饭，而我大部分时间还是在喂奶。唯有睡前的时光，我是无论如何也要陪他的。他像个大海星一样紧紧抱着我，这一刻才是唯一属于我们最亲密的时光。

几天过后，豆豆逐渐习惯了有弟弟的日子，也开始习惯爸爸妈妈分出一部分爱给弟弟。他的大多数无理要求开始得到公正的对待，他的“坏脾气”也在慢慢地消失……经历过失去与满足的他，内心得到了真正的成长。

以前，豆豆半夜总要爬到我们的大床上来睡会儿。自从小福跟我们睡之后，没有了他容身的地方。第一个晚上，他在我们的脚头躺了一会儿后，觉得不舒服，便回小床上去了。自此，晚上基本上就不再过来。

每次小福一哭，他要么在一旁很自然地说：“He wants Dad（他想找爸爸）。”要么就是催我：“妈妈，你赶紧喂他吧，他饿了。”每次喂奶的时候，他会很积极地帮我搬来喂奶圈。每天醒来，他第一件事情就是亲一亲、摸一摸弟弟。然后说上一声：“He is funny（他真好玩）。”

自从有了弟弟，豆豆玩的时候也有兴趣多了。以前他一个人在家玩，会觉得寡然无味，现在只要弟弟在旁边，他就会很兴奋地边玩边给弟弟讲解，不停地说：“弟弟，你看，你看……”原来他的要求是这么渺小啊，仅仅需要有人看着他就那么开心了！

在小福的成长过程中，豆豆对于小福而言，不只是一个单纯的玩伴，还是一个良师益友。兄弟俩常常一玩就是好几个小时，大部分时候都是豆豆在教弟弟。他教弟弟游戏规则，好不容易弟弟好像学会了，可是豆豆既要耐心地忍让他屡屡犯规、不按规矩出牌，又要忍受他水平比自己低几个档次。

他教弟弟各种常识，我常常听到兄弟俩充满童趣的对话。一天，去理发的路上，豆豆给弟弟普及科学知识："宝宝，你知道剪头发为什么不疼吗？因为呀，头发里没有神经纤维，不能把信息传递给大脑，大脑就不会发出疼痛的指令。就是说呀，头发一生出来就是死的，你知道了吗？"小福回答："知道，因为我是奥特曼，所以剪头发不疼。"听完后，我跟老公哈哈大笑，说："千万不要让科学遇上天真。"

他也会给弟弟讲要分享，得到帮助要说"谢谢"，不小心碰到别人要说"对不起"……这些他自己以前并不是那么爱遵守，可是有了弟弟，他要做个好榜样，所以似乎一夜之间，什么都不用我们说，他突然就顿悟了。

他将自己所学的东西悉数教给弟弟。从枯燥的拼音到难懂的数字，连我都总在一旁怀疑小福是否有兴趣学下去，但豆豆似乎很有耐心教下去，这样的教学，从弟弟刚出生起就一直在进行。

老师跟我说："豆豆对上课的内容掌握得非常好，你们在家帮他预习和复习吗？"我不好意思回答。我们很少管他的学习，其实最大的功臣是弟弟，因为有这个谦卑的学生，豆豆每天都把课程内容给他讲述一遍。根据"学习金字塔"理论，一个人靠听别人讲授的方式只能掌握所学内容的 5%，而通过教授别人的方式却可以学到 90% 以上，他不掌握也难啊！

很多人说，生老二是给老大最好的礼物，可不是吗？**小时候，弟弟是哥哥的玩伴，是他的粉丝，是他的追随者，不管做什么，都有一个小跟屁虫在后面，用崇拜的眼神看着他，跟他做，让他自信心爆棚。弟弟还是他天然的好学生，可以让他把所有绝技都施展开来，并得到巩固和提高。长大后，他们是彼此的后盾，他们会相亲相爱，相互扶持。以后各自有了家庭，也可以常常在一起聚会。每当想到这些，我心中总是充满了期待与温暖。**

一样地爱，不一样的爱

我常常被问到一个问题：“两个孩子，你更爱谁？”回答当然是：“一样爱。”但对方又会说：“肯定会有所偏心的，就算你没表现出来，心里也会偏向某一个。”我说：“那只是因为对于不同的孩子，对于孩子所处的不同阶段，给予他们爱的方式不同罢了。”

我曾经在博客上记录两个孩子的成长故事，很多博友明确表示对哥哥的心疼。因为自从小福出生后，我就让豆豆自己睡觉，有时还要他让着弟弟，我带他出去玩时也总是身在曹营心在汉，惦记着家里的小福。还有不少网友“抗议”我对小福太冷落，因为我总是独自带豆豆出去玩，把小福丢在家。

看来从不同的角度，就可以发现不同的问题。事实上，我的内心也有过挣扎。小福出生后，有些方面对豆豆难免有所欠缺。对于小福，有时真有种“顺带着”长大的感觉。可是，当磨合期过后，我觉得如今的状态都很完美，以前担心过的事情也没有发生，两个孩子的身体和心理都很健康，在一起也很融洽。

豆豆从我怀孕起，就看着妈妈的肚子由小变大，他知道那是弟弟在慢慢长大。现在，他也很感慨，那么小的弟弟如今都长这么大了。因为参与了弟弟的成长过程，他对弟弟的爱是属于“疼爱”型的，他从内心里爱着弟弟。所以，他愿意把妈妈让给弟弟，自己一个人睡在他的小床上。他也愿意把自己想要的东西让给弟弟，等弟弟不玩了自己再玩。

对于豆豆的举动，我们除了赞美，做得最多的，还是常常跟豆豆表达爱，告诉他：“你是爸爸妈妈的第一个孩子，你和爸爸妈妈已经成了4年多的父子和母子了，我们的感情很深厚。弟弟刚出生，他还小，需要我们三个人的照顾。”在那段时间，我们尽量满足他的要求，尽量多陪他，带他参加各种活动，去各种地方。尽管豆豆没表现出来，但是他心里一定有所起伏。安抚和稳定他的内心，是我们那时做得最多的事。弟弟出生后，豆豆的心智一下子成熟了很多，表现出一个男子汉的勇敢、坚强以及作为哥哥的细腻和大度。

小福作为家里的第二个孩子，我们实在没办法像第一个孩子那样细心、周到地照顾他。很多时候，豆豆因为要去上幼儿园，或者要赶着去某个地方，我们反而要先照顾哥哥，然后才轮到照顾他。有时，为了带豆豆出去玩，我们只能把他放在家里，因为他太小，要不停地吃和睡，在路上太折腾。

等小福越来越大，我们尽可能地让他参与哥哥的活动。小福很喜欢出去玩，尤其是只要有哥哥在，他便会有一种自然而然的安全感和由衷的开心。比如，小福常常和我们一起去接送哥哥上幼儿园，以至于对于哥哥幼儿园的情况了如指掌。他常常和我们一起送哥哥去上英语课，自己一个人在学校里跑来跑去，等哥哥下课。小福处处模仿哥哥，因此他的运动能力、动手能力和理解能力都特别强。他能听懂我们几乎所有的话，只要我们说“豆豆准备洗澡”，他马上就给哥哥拿好鞋和浴巾；我们一说出门，他就先关风扇，再关灯，给每个人拿好鞋子，还要找到钥匙，是家里的小小“管家婆”。

因为这一点，我觉得老二其实是很幸福的，因为他有个哥哥可以模仿和崇拜；还有一个熟练的妈妈，给予他气定神闲、恰当得体的照顾。

在他们成长的每个阶段，我们给予他们爱的方式都在渐渐变化。4岁多的豆豆，主观意识越来越强，对于我们的举动有了最直观的判断，并表现出喜恶。在处理他和弟弟纠纷的问题上，我们不再要求他无理由地谦让，而开始讲原则。弟弟如果横刀夺爱，我们就会跟弟弟讲道理，让豆豆继续享受权利。因为1岁多的小福，也已经到了习惯培养和品格塑造的阶段。传说中“兄弟相争”的局面终于出现了，作为父母的我们，从此要着力于处理各种事务纷争。但越来越和谐的场面也出现了，哥哥和弟弟越来越能玩到一起。不久的一天，两个孩子就可以关上他们的房门自己玩了。

我和老公畅想兄弟两个的未来。对于细心谨慎、聪明认真的豆豆，以后就跟着爸爸搞科研，做个“科二代”；对于天不怕地不怕的小福，以后说不定是一个领导型的人才。

对于豆豆，我总觉得有种担心，想要一辈子好好保护他。而对于小福，总觉得他是无所不能的，觉得他无论在哪儿一定都能混得很好。一个想捧在手心里爱，一个想放手去爱，虽然方式不同，但手心手背都是心肝宝贝。

家有两宝，时间规划是个技术活儿

9点半，两个孩子同时睡着了。老公出差了，妈妈回家了，两个娃都要我带着睡。所以，我把他们放在一起更方便管理。看着他们睡着的天使般的面庞，我心中生出无限的温柔，似乎一天的忙碌，就是为了这一刻。

老实说，我今天一度很沮丧。我下了班，马不停蹄地接了两个孩子放学，安排他们在一起玩，然后飞奔去买菜、做饭。终于做好饭叫他们吃饭时，兄弟俩却跟商量好了一样，只顾自己玩自己的，对我的话充耳不闻。

我给足他们时间。10分钟后，小福来了。他一边吃一边玩儿，饭菜弄得到处都是，还嘻嘻哈哈，一会儿站、一会儿坐。我让他离开餐椅。而豆豆一直不动，完全沉浸在他的拼图里，外面的世界对他来说好像不存在。

以前碰到这种问题，我会很平静地跟他说："吃饭是你自己的事情，我不会一直催你，你自己觉得差不多了就过来。"大部分时候，他会放下玩具，自己洗完手就过来了，还能吃得很好。可是，当我很累的时候，我会懒得跟他讲道理，也懒得催他，我大声地数"一、二、三"，下最后通牒，或是威胁"如果不吃饭，今天晚上所有的活动我都不会陪你玩"。其实，我知道这是因为我的情绪不好。这就如同我跟他之间一个毫无新意的游戏，他只是尚且给我面子，否则他根本不陪我玩。

想到这儿，我换了一种玩法。我不顺数，而是倒数。我跟他说："火箭马上就要发射了，我给你一分钟的时间，洗完手，走过来。60，59，58……"他突然觉得好玩，立马来到餐桌前，却是一脸的萎靡。我说："如果你真的不想吃，那就别吃了。"他几下把牛奶喝完，说："那我把牛奶喝了吧。"好像给我一个安慰奖。

留下我一个人面对一片狼藉，无比沮丧。当妈最大的挫败莫过于此，花了无数心思和汗水，满心期待、满心欢喜地希望孩子们能好好捧个场，可是他们却对这一切视而不见。

这只是众多生活片段中的一个。生活中，大部分时候可以和谐美满，两个孩子如同天使般环绕在我周围。但是，也总会有这种徒劳无功、适得其反的头疼时刻。养育孩子，尤其是两个孩子，很多时候就如同在解一个连环扣，解了一个，还有一个，你以为全部解完了，其实最难的还在后头，出其不意，措手不及。有时，我实在是疲于应战，第一个回合、第二个回合还好，尚能微笑面对，挑战的次数多了，难免最后会功亏一篑。

收拾完东西，我坐在沙发上一言不发。豆豆凑过来，在我身上滚来滚去，他知道我不开心，他也知道自己今天一天都在惹怒我，从早到晚，不停地哼哼唧唧，我跟他很严肃地说了几次："你有什么话就说出来，你这样哼哼唧唧，我不知道你要干什么。"我也理解他的情绪，抱着他说："或者你没有哪里不舒服，就是想在妈妈怀里撒撒娇，对吗？"我也考虑他的感受，谁没有烦躁的时候呢，小孩子只是不善于表达罢了。甚至，我也学他哼哼唧唧，逗他开心，可是收效甚微，他从起床到吃晚饭，一直处于这个状态。

我说："妈妈觉得有点累。给你们做饭，带你们玩，都是让妈妈觉得开心的事情，但是如果一件事情需要我花好几倍的工夫去做，那就会很辛苦。比如，喊你们吃饭时，本来你们可以第一次就来的，但是一定要妈妈喊上三次，那样妈妈就要累三倍。”他像是听懂了，跟我说：“妈妈，有时候是我真的没听见；有时候是我实在舍不得离开正在玩的东西；有时候是我心里答应了，但是玩着玩着又忘记了。”

这句话何尝不是一个孩子的真实写照呢？我问他：“那我们可以想一个什么办法，让妈妈提醒你，你又不忘记呢？”他回答说：“那你给我一个纸条吧。”

豆豆4岁起开始认字，我们从那时起就有了“留纸条”的习惯。他常常会陶醉在一个游戏里，不想被打扰，而我也不忍心破坏他的专注力，于是就把一张纸条放在他的旁边，上面写着：等你玩好了就过来，妈妈找你。这张小小的纸条，拥有巨大的力量，让我们之间减少了很多冲突，而且他每次都会按照纸条上写的去做。

因为得到理解，他一下子跟我敞开了心扉，他说：“妈妈，其实我今天之所以不停地哼哼，是因为觉得很无聊。虽然你很忙，但是我希望你能陪我玩。”

豆豆的话让我觉得有些震惊。妈妈在的时候，晚上回家总是一大桌子菜等着我，我忍不住要说上几句：“搞这么丰盛干吗，随便吃吃就好了，不仅你辛苦，你做得多我们吃得也多，看我们都被你喂得多胖。”这句话里一半是嗔怪，一半是真的希望晚上能吃清淡点。可是，轮到我自己担当起照顾一家大小饮食起居的责任时，我也恨不得要尽我所能，给他们最好的。以至于把自己全都陷进去，而忽略了对孩子的陪伴。

后来，一个好玩的游戏终于拨去了笼罩在豆豆头上一整天的乌云。玩过游戏后，他立马有了精神，在我收拾厨房的时候，他带着弟弟两个人玩得自在又开心。

养育两个孩子，时间规划是个技术活儿，而其中最重要的一点，是能够尽量把自己从家庭琐事中解放出来，能偷懒就偷懒。在国外，常常是一个妈妈全职带几个孩子，她们会用一些让自己生活简单轻松的工具，比如洗碗机、烘干机、食物料理机、纸巾加热机（擦屁屁的时候宝宝不觉得冰凉）、纸尿裤防臭桶等，为忙碌的生活减轻负担。她们也舍得在一些事情上放手，比如不纠结于给孩子偶尔吃罐头辅食、方便食品，只要孩子做的事情对自己安全，也不危及周围，她们就很少插手。把这些省下来的时间，用来更好地照顾好自己，从而更好地照顾与陪伴孩子。

回到安静的夜，白天的所有奔波、喧嚣和琐碎全都消失不见。敷上面膜，抱着电脑，坐在沙发上享受这份舒适与安宁。妈妈回去之前，执意要把小福带走，这样我会轻松很多。但我坚持要把小福留下，其实累一点没有关系，两个孩子都在身边，才会让我的心如此宽慰与踏实。

独自带两个孩子，肯定会有手忙脚乱的时候。催了三次才把孩子们请进浴缸，又花了30分钟把他们请出来；睡前读书时，一个孩子觉得太简单，一个孩子觉得太难；讲睡前故事时，一个听得津津有味，一个被吓得叫我赶紧停止。然而，看孩子们在浴缸里玩得那么开心，心想让他们多玩一会儿也未尝不可；读书时，让老大给老二读，一下子两人都来了兴趣；睡前故事反正是自己编的，不敢听那我赶紧换成幸福的童话故事，之前掉进洞里的人重新回来，过上了快乐的生活。

总之，父母手里要多有几把“刷子”，当孩子带来各种“挑战”的时候，才可以游刃有余地应对。而且，父母要始终相信，你所遇到的挫败和失望，其实也没什么。不忘告诉自己，孩子只是一个普通人，不会是你心中要求达到的完美样子，他会猫一天狗一天，他也有喜怒哀乐，他也有情绪周期，他也有缺点……哪怕他把你“整”得够惨，你也要相信他不是有意而为。调整好情绪，如何拥有耐心、宽容、快乐，是父母值得修读一辈子的功课。

养育孩子是世上最不会后悔的事

春暖花开的季节，周围有很多朋友都在孕育新生命，给这个世界增添很多喜庆。这是一群勇敢、渴望、快乐的人。还有一些人，仍然在犹豫中。就像一位朋友来问我："国家政策没出来之前，我想方设法想生娃，现在政策明确了，我反而犹豫了。你告诉我，我到底生不生呀？"

其实我知道，她自己早已把优势和劣势想得清清楚楚，把经济、家庭、自身因素分析了几十遍。她需要的，无非就是我朝她想要的方向推她一把而已。所以，我只说了一句："如果你不生，以后可能会后悔；如果你生了，绝对不会后悔。"

我有点闲人马大姐的气质，因为自己喜欢孩子，所以看到别人有生孩子的意向，就会想办法去推进，就像看到合适的未婚男女青年，就忍不住要去撮合一样。总之，朋友听完我这句话后，就乐呵呵地去准备生孩子的事情了。

回头看看我的两个孩子，他们正凑在一起玩得起劲。哥哥兴致勃勃地讲解着，弟弟一知半解地答应着。尽管性格迥异，但他们在一起却是那么和谐、默契。何尝不是呢？生孩子是这个世界最不会后悔的事情。

当初生老二，是在老大还没出生前就计划好的事情。一直觉得家里至少要有两个孩子，才能有合家欢乐的感觉。三个就更好了，等他们长大了，可以凑两桌牌。有人问我，是不是生孩子上瘾了？我回答："才生两个而已，怎么能称得上上瘾呢？"但好了伤疤忘了疼是真的。生产的时候疼得死去活来，发誓以后再也不生孩子了；坐月子的时候，绝望地坐在床上，看着窗外的天空黑了又亮，亮了又黑，不知今夕是何年；总是在安慰自己，再坚持一下，等孩子长大就自由了，可是却发现，似乎永远都没有解脱的日子……

尽管这样，老二还是没经过任何心理纠结就来了。那些所谓难熬的日子，往往在孩子一个浅浅的微笑面前，就变得无关紧要。他一笑，整个世界都亮了。

弟弟比哥哥小 3 岁半，最开始的一年，最为艰难。对我，是抚育一个奶孩子的艰辛；对老大，是突然少了很多关注的落差。我曾经在哄睡一个孩子，发现另一个孩子醒着时，特别沮丧；也曾经在月子里时，老公不在身边，我半夜一个人抱着作息规律黑白颠倒、哭得不屈不挠的老二，在房间走来走去，觉得恍如隔世，好像同样的镜头又回放了一次。然而，现在回忆起来，只是一幅隐隐约约的画面，个中艰辛只是几个若有若无的符号而已。

第二年也不轻松。老二初生牛犊不怕虎，喜欢惹是生非，兄弟俩常常为了一个玩具大打出手。原本与世无争的哥哥，迅速成长为一个勇士，一边在弟弟毁灭他的棋局、涂掉他的画作时，对弟弟毫不留情；一边又在原谅弟弟的时候说："幸亏你有个我这样的哥哥，要不你会被人打得很惨的。"弟弟的到来，彻底唤醒了哥哥体内沉睡的斗志，他整个人突然变得精神很多，也更加懂得了对弟弟的照顾。而从出生起就处于竞争模式的老二，为了生存，动作要够迅速，反应要够灵敏，面对强劲对手要一不怕打，二不怕丢脸。所以，他总是埋着头往前冲，他总是想尽一切办法得到他想要的东西，他总是浑身是胆、一身本领。

让我开始感慨幸福来得太突然，是在弟弟 2 岁以后，兄弟俩突然就不打架了，作息时间也已经同步很久了，只要是兄弟俩都在，就不会出现有人黏着我的情况……我终于迎来了幸福的曙光，看着他们相亲相爱的样子，哥哥那么爱护弟弟，弟弟那么信任哥哥，以后的人生里，他们会是对方心里最大的支持与依靠，我为当时毫不犹豫的决定和在所有困境下的努力与坚持感到骄傲。

然而，柳暗花明只是生活的某个片段，一个接一个的挑战才是养育孩子的常态。2014 年秋天，哥哥结束幼儿园生活，弟弟将步入幼儿园，我接下来几年的生活就是在路上，奔波于两个地方，在不同的时间段接送孩子。而在平常的生活中，要做到工作与家庭平衡，尊重兄弟俩不同年龄的成长规律与个性差异，面对问题能够心平气和，不娇纵、不惩罚地养育孩子，却是最难的一部分。

因为养育孩子，从来就不是一件容易的事情。你在生孩子之前的所有担心，在孩子出来后几乎都会发生，或者有时还会有意想不到的艰难。但是，孩子不是你上辈子没有还完的债，而是你上辈子未曾享尽的福。**他带着你的基因，来到你身边，眉眼之间，举手投足之间，都是你的样子，让你感慨生命的神奇。他让你的心从此有了坚定的方向，让你结束那些灯红酒绿的活动，为他操劳，为他失去自由时间，却又倍感生活的充实。**他让你用一辈子的时间去牵挂一个人，用最愉快与心甘情愿的心情去为他做每一件事。他让你体会这个世上最不图回报，却得到最大回报的工作。他心有所依，你心有所属。